Das Geheimnis des Herzmagneten

– Die Befreiung –

350
360
10
20
30
40
N
E
S

Ruediger Schache

Das Geheimnis des Herzmagneten

– Die Befreiung –

nymphenburger

MIX
Papier aus verantwortungsvollen Quellen
FSC® C084279
www.fsc.org

2. Auflage 2018

Umschlaggestaltung, Innenlayout und Satz: Grafikdesign Storch, Ulrike Vohla
Illustrationen: shutterstock und Dana Sitarzewski
Druck und Binden: Polygraf Print
Printed in EU
ISBN 978-3-485-02932-2

www. nymphenburger-verlag.de

Website des Autors:
www.ruedigerschache.com

Inhalt

Für alle Beziehungen und die meisten wichtigen Ereignisse, die Sie bisher erlebt haben und künftig erleben werden, gibt es eine zentrale erschaffende Quelle. Diese Quelle liegt in Ihrem Herzen und verfügt über außerordentliche Kräfte.

Sie sendet aus, was Sie sind, was Sie denken und fühlen, was Sie erlebt haben, erleben wollen und nicht mehr erleben wollen.

Ihre Quelle kooperiert mit anderen Menschen, reagiert auf sie und verändert sich. Sie erzeugt viele Ihrer Gefühle und speichert zusätzlich viele Ihrer Erinnerungen.

Neben allem, was Sie sich für Ihr Leben wünschen und ersehnen, strahlt diese Quelle auch vieles aus, das Sie auf Ihrem Weg bis heute erfahren haben, und zieht damit Menschen und Ereignisse an, die zu alldem eine Verbindung haben.

Sobald Sie wissen, wie Ihr Herzmagnet funktioniert und welche Verbindungen er in Ihrem Leben gerade anzieht oder fernhält, können Sie gewünschte Wirkungen verstärken und sich von unerwünschten Wirkungen befreien.

Damit halten Sie den größten Schlüssel für positive Veränderungen in Ihrem Leben und Ihren Beziehungen in der Hand.

Das erste Geheimnis

Unsichtbare Mäntel

Die Sichtweise eines Menschen
umschließt Sie manchmal
mit einer Hülle,
die Sie dazu bringt, so zu sein,
wie Sie gar nicht sein möchten.

Besonders dann, wenn Sie es
vermeiden wollen.

Wenn Sie erleben, dass Sie sich jemandem gegenüber so verhalten, wie Sie es gar nicht möchten, dass Sie Dinge tun und denken, die gar nicht Ihrer Natur entsprechen, könnte gerade die Kraft eines unsichtbaren Mantels auf Sie wirken.

Ihre Wahrnehmung, dass Sie sich in diesen Momenten wie fremdgesteuert fühlen, ist richtig. Denn der Mantel umhüllt Sie und beeinflusst Ihre Gedanken, Ihre Gefühle und Ihr Handeln. Er wurde oder wird gerade von einer anderen Person auf Sie übertragen. Dieselbe Kraft kann auch umgekehrt wirken, sodass ein anderer sich Ihnen gegenüber seltsam gezwungen verhält.

Diese Übertragungen finden meist so verborgen statt, dass sie einem leicht entgehen. Letztlich bleibt oft nur die Frage übrig, wie diese ungewollten Umstände schon wieder zustandekommen konnten.

Das Wissen über Herkunft, Beschaffenheit und Wirkung unsichtbarer Mäntel beantwortet Ihre Fragen und zeigt Ihnen Ihre persönlichen Auswege aus solchen Situationen.

Ein unsichtbarer Mantel wirkt auf
Ihre Gedanken, Ihre Gefühle und Ihr Verhalten.
Er löst Fragen und Konflikte in Ihnen aus,
die Sie nie wollten,
und nimmt damit Einfluss auf Ihr Leben.

Was ist ein unsichtbarer Mantel?

Wenn Sie verstehen möchten, was ein unsichtbarer Mantel ist und wie er auf Sie wirkt, rufen Sie sich am besten zunächst nochmals die Wirkung sichtbarer Kleidung in Erinnerung.

Die seltsame Wirkung sichtbarer Kleider

Falls Sie schon einmal eine Verkleidung anhatten, haben Sie vielleicht erlebt, dass sich mit dem ungewohnten Gewand auch ein Teil Ihres Gefühls dafür verändert, wer Sie gerade sind. Müssten Sie zum Beispiel heute das Gewand einer Königin tragen, eines Bettlers, einer Krankenschwester, eines Generals, einer Nonne, eines Popstars oder eines Priesters, so würden Sie sich deutlich anders fühlen als in Ihrer normalen Kleidung. Experimente haben gezeigt, dass Menschen, die man in eine Art Uniform kleidet, Dinge tun, die sie ohne die Uniform nie tun würden. Als gäbe ihnen die Kleidung Pflichten, Ziele, Aufträge und Rechte, die sie zuvor nicht hatten. So kann bestimmte Kleidung auf Dauer tatsächlich die Persönlichkeit auf eine Art verändern, wie es ohne die Kleidung nicht eingetreten wäre.

Wie ein Stoff Beziehung macht

Die rein sachliche Wahrheit ist, dass jede Art von Kleidung nur eine Ansammlung von zusammengenähtem, buntem Stoff ist. Eigentlich nichts, das Ihren inneren Zustand beeinflussen sollte. Und dennoch verändern bestimmte Gewänder Ihre Selbstwahrnehmung spürbar. Unmittelbar darauf verändern sich bestimmte Gefühle. Und gleich danach wandelt sich vielleicht schon Ihre Art, sich zu bewegen, also Ihr Körpergefühl. Als Folge davon verändern sich einige Ihrer Gedanken und die Art, wie Sie sich selbst gegenüber anderen Menschen sehen. Und natürlich beeinflusst Ihre auffällige neue Kleidung auch, wie Sie gesehen werden, was wiederum auf Ihre Beziehungen im Beruf und im Privatleben einwirken kann. Die Volksweisheit »Kleider machen Leute« drückt also ganz richtig aus, dass die Bekleidung durchaus Persönlichkeit und Leben beeinflussen kann.

Das Geheimnis von alldem liegt nicht im Kleidungsstück selbst, sondern darin, was es im Kopf aller Beteiligten auslöst. Es erzeugt ein bestimmtes Bild mit Geschichten und Gefühlen. Der Träger übernimmt es und strahlt es als neue Identität nach außen aus. Die Welt sieht und fühlt dies und behandelt den Träger, wie seine Kleidung es verlangt.

So weit war Ihnen das vielleicht schon klar. Doch es geht noch weiter, denn es gibt Gewänder, die zwar niemand sieht, aber jeder fühlt.

Die verborgene Wirkung unsichtbarer Kleidung

Wenn Ihnen jemand mit seinen Gedanken, Worten oder seinem Verhalten den Mantel eines unzulänglichen Menschen umhängt, werden Sie sich – obwohl er nicht Recht hat – der Wirkung kaum entziehen können. Er kleidet Sie gedanklich ein, und Sie fangen an, sich dagegen zu wehren, indem Sie diese »Behauptung« immer wieder richtigstellen. Oder Sie bemühen sich ständig, das Gegenteil zu beweisen. Oder Sie entziehen sich letztlich dem ganzen Mantel durch Flucht. Wie auch immer Sie reagieren – der Mantel nahm Sie auf eine Art gefangen und beeinflusste Ihr Verhalten.

Die zwei Arten von unsichtbaren Mänteln

In einem unsichtbaren Mantel zu stecken, hat gegenüber sichtbaren Kleidern einen Nachteil. Weil Sie ihn nicht sehen, könnten Sie glauben, es gäbe ihn gar nicht, und finden deshalb auch keinen Weg, sich von seiner Wirkung zu befreien. Sie beobachten zwar bestimmte Auswirkungen, wissen aber nicht genau, woran das liegt. Ganz einfach gesagt, gibt es zwei Arten unsichtbarer Mäntel.

Von anderen übergestülpte Mäntel

Absichtlich oder ungewollt hat jemand über Sie eine Sichtweise entwickelt, steckt Sie in eine Rolle oder überträgt Ihnen eine Aufgabe. Sie haben nie darum gebeten. Sie haben es vielleicht nicht einmal bewusst mitbekommen. Doch eines Tages stellen Sie fest, dass Sie immer mehr Dinge tun, die Sie nie tun wollten. Dass Sie in so einen Mantel gekleidet wurden, kann schon sehr lange zurückliegen, zum Beispiel in Ihrer Kindheit. Es kann aber auch erst vor Kurzem passiert sein, zum Beispiel durch einen Partner oder Kollegen. Ganz gleich, wann es geschah – solange Sie einen solchen Mantel noch nicht bewusst und vollständig abgelegt haben, könnte er noch heute unerwünschte Wirkungen haben.

Selbst angezogene Mäntel

Manchmal zieht sich ein Mensch absichtlich oder unbewusst selbst einen Mantel an. Er macht sich zum Beispiel ärmer, damit man ihn nicht ausnutzt. Er macht sich schwach, damit man ihm viel hilft. Oder er macht sich leidend, damit man ihn bedauert und ihm Nähe gibt. Ob jemand diese Verhaltensweisen gezielt oder versehentlich an den Tag legt, ist ein fließender Übergang und für die Befreiung nicht entscheidend. Wichtig ist immer nur, dass Sie einen Mantel entdecken und ablegen. Damit das, was Sie in Wahrheit sind, nach außen strahlt.

Warum Anneliese erst einen Mann, dann ein Kind, dann einen Patienten und dann die Nase voll hatte

Anneliese ist Ärztin und das, was man eine starke Frau nennen kann, die mit beiden Beinen im Leben steht. Ihr Vater war ebenfalls Arzt, und sie wurde von klein auf dazu erzogen, sich neuen Problemen zu stellen und ihre Dinge so weit wie möglich auch allein zu schaffen. Mit diesem Selbstvertrauen studierte sie Medizin und gründete anschließend eine eigene Praxis. Anderen Menschen zu helfen, liegt Anneliese seit Anbeginn im Familienblut, deshalb wurde sie wirklich gut in ihrer Arbeit. Die Praxis lief sehr erfolgreich, und um den beruflichen und materiellen Teil ihres Lebens brauchte sie sich nie irgendwelche Sorgen zu machen.
Privat wünschte sich Anneliese allerdings einen guten Mann. Jemanden, der für sie da war, wenn auch sie sich einmal ein wenig erschöpft fühlte. Jemanden, mit dem sie angenehme Freizeit verbringen und schöne Erinnerungen erschaffen konnte. Einen Mann fürs Leben außerhalb ihres Berufs. Zwei Jahre nach der Eröffnung von Annelieses Praxis lernte sie Brian kennen und fand in ihm einen solchen Partner. Er zog bald darauf in ihr Haus ein, und das Glück schien perfekt.
Einige Jahre später hatte die Beziehung einen Zustand erreicht, den Brian in Ordnung fand, der aber für Anneliese eine große Belastung geworden war. So wie es ihrer Natur entsprach, untersuchte sie den Verlauf ihrer Partnerschaft, ähnlich, wie ein Mediziner den Verlauf einer Krankheit untersucht. Mit dem Ergebnis besuchte sie dann eine Kollegin, bei der sie sich schon immer gut aussprechen konnte.
»Es bedrückt mich, wie sich alles entwickelt«, sagte Anneliese. »Zuerst war

Brian ein wirklich guter Mann. Er unterstützte mich bei allem, für das ich aufgrund der Praxisarbeit nicht genug Zeit übrig hatte. Anfangs klappte das sehr gut, doch im Laufe unserer Beziehung veränderten sich unsere Rollen. Brian wurde immer passiver. Selbst wenn ich spätabends nach Hause kam, musste ich noch den Haushalt erledigen und uns das Essen bereiten. Häufig war nichts im Haus, also begann ich damit, auf dem Heimweg einzukaufen und danach zu kochen. Ich habe nichts gegen Hausarbeit, aber ich finde, man sollte das Leben so aufteilen, dass jeder seinen Teil einbringt. Brian brachte immer weniger ein und ich immer mehr.

Eines Tages war ich wieder mit den Einkäufen auf dem Heimweg, da wurde mir bewusst, dass ich nicht mehr zu meinem erwachsenen Mann fuhr, sondern ein Kind versorgte, das jeden Abend auf das Eintreffen der Mutter wartete. Das war auch der Grund, warum ich keine Freude an der Beziehung mehr hatte. Vom eigenen Partner den Mantel einer Mutterfigur umgehängt zu bekommen, ist schrecklich, und ich wollte es auf keinen Fall darauf beruhen lassen. Also sprach ich es an.

Zunächst wirkte es, und Brian gab sich wieder Mühe. Aber schon bald trat der alte Zustand wieder ein. Nach meinem Gefühl war ich fast nur noch Versorgerin und Mutterersatz. Ich habe viel probiert und es immer wieder mit Brian durchgesprochen, weil ich wollte, dass er es versteht. Aber irgendwie hat es sich einfach nicht verbessert.

Nach einer Weile überlegte ich, mich zu trennen. Noch während ich darüber nachdachte, wurde Brian krank, und ich hatte in den folgenden Jahren alle Hände voll damit zu tun, ihn zu behandeln. Bis mir eines Tages die nächste grundlegende Erkenntnis kam. Nachdem ich endgültig den Mantel der Mutter abgelegt hatte, war Brian fast zeitgleich in die Rolle meines Patienten gerutscht. Ich war zu seiner Ärztin geworden, und schon wieder waren wir auf eine Beziehungsart verbunden, die keinem gut tat. Ich sprach auch diesen

Zusammenhang an, aber ich konnte Brian mit meinen Erkenntnissen leider überhaupt nicht erreichen.
Das alles klingt jetzt schnell, aber in Wahrheit entwickelte sich diese Situation über Jahre hinweg. Erst waren wir Kind und Mutter geworden und dann Patient und Ärztin. Nur eines waren wir nicht mehr: Ehemann und Ehefrau, Liebende und Geliebte.
Also beschloss ich, mich zu trennen, und sagte es ihm auch. Was dazu führte, dass Brian noch kränker wurde. Darauf war ich vorbereitet gewesen. Ich hatte mich ganz bewusst von der Mutterschürze und dem Ärztemantel verabschiedet. Ich war jetzt nur noch eine Frau, die ein gutes Leben mit ihrem Mann wollte. Das Wunder an dieser Geschichte ist, dass es Brian zunehmend besser geht, seit ich die Rollen nicht mehr bediene und ihm klar ist, dass er mich mit seiner Bedürftigkeit nicht an sich binden kann. Ich weiß nicht, ob wir zusammenbleiben werden, aber einen Teil von ihm liebe ich ja, und dieser Teil scheint umso mehr zurückzukommen, je mehr ich die Gegenrolle nicht mehr spiele. Brian geht nun zu anderen Ärzten, kauft wieder ein und hilft auch sonst mehr mit. Mir ist dadurch leichter ums Herz, und ich bin inzwischen für alles offen, was die Zukunft mir bringen wird. Hauptsache, ich muss diese falschen und belastenden Rollen nicht mehr ausfüllen.«

Unsichtbare Mäntel
zwingen einen Beziehungspartner oft
in das zum Mantel passende Gegenstück.

Mäntel und ihre Gegenstücke

- Wenn sich jemand einen Kindermantel umlegt, zieht er anderen damit einen Mutter- oder Vatermantel an.
- Wer sich einen Krankenmantel umhängt, hüllt andere in einen Pflegermantel.
- Wer sich einen »Ich kann das nicht«-Mantel umlegt, steckt andere in Helfermäntel.
- Wenn jemand einen starken Heldenmantel trägt, macht er andere zu Bewunderern, Zuarbeitern oder Statisten.
- Wer einen Opfermantel trägt, steckt andere in Beratermäntel oder wirft seinem Gegenüber sogar den Tätermantel um.
- Wer sich in einen Mantel des Mangels kleidet, hofft, dass andere einen Lieferantenmantel anziehen.

Falls Sie etwas davon kennen, sollten Sie sich immer als Erstes fragen: Befindet sich jemand wirklich in der Situation? Oder hat er sich den Mantel nur angezogen, damit andere die Gegenrollen einnehmen und dabei diese spezielle Form von Beziehung entsteht? Falls ja, dann verhilft das Ausfüllen der Gegenrolle keinem zu einem guten Leben.

Verbreitete unsichtbare Mäntel und ihre Wirkung

Der Wunschtraum-Mantel

Sie erfüllen zu Beginn der Beziehung den Traum des anderen und erhalten dafür dessen allerbeste Gefühle. Das ist schön, und Sie versuchen, ihm zu zeigen, dass er damit auch Recht hat. Etwas, das im weiteren Verlauf zu einer sehr anstrengenden Arbeit werden kann und – falls Sie es nicht einhalten können – vielleicht sogar zu Vorwürfen und Konflikten führt.

Der Albtraum-Mantel

Sie bekommen Vorwürfe umgehängt, die mit Ihnen gar nichts zu tun haben. Alles entspringt nur persönlichen Ängsten des anderen, zum Beispiel Verlassensängsten. Das fühlt sich für Sie schrecklich an, denn zusammen mit den Vorwürfen spüren Sie auch den inneren Albtraum, in dem der andere gerade steckt. Und plötzlich befinden auch Sie sich mitten in einem Albtraum.

Der Schnellurteils-Mantel

- »Diese Person passt einfach nicht zu ihm, und er merkt es nicht einmal.« In Wahrheit ist er glücklich damit und freut sich darüber.
- »Er hat wirklich viele Mäntel umhängen, an denen er arbeiten muss.« In Wahrheit lebt er einfach ein ganz anderes Leben, das ich nicht verstehe.
- »Sie sieht für ihr Alter ganz schön verlebt aus.« In Wahrheit war sie viel krank oder hatte harte Zeiten, und das hat an ihrem Körper und ihrer Seele gezehrt.
- »So wie er dreinblickt, ist er ein unfreundlicher Mensch.« In Wahrheit hat er ständig Schmerzen und deshalb ist sein Gesicht verzerrt.

Es könnte immer auch ganz anders sein, als wir vermuten, weil wir etwas Entscheidendes nicht wissen.

Der Altlasten-Mantel

Fast jeder hatte schon ungute Beziehungserlebnisse. Wenn Sie jedoch mit anderen Partnern verglichen werden und es nun besser machen sollen, bekommen Sie damit die Bürde eines Altlasten-Mantels auferlegt. Sie haben nichts damit zu tun, was jemand früher erlebt hat. Deshalb ist es gut, darauf hinzuweisen und den Mantel sofort wieder auszuziehen. Denn falls Sie ihn annehmen und denken: »Ich bin anders, ich werde ihn/sie darin nicht enttäuschen«, so wäre es eine typische Nebenwirkung des Altlasten-Mantels, dass auch Sie es am Ende nicht schaffen.

Der Elternbeziehungs-Mantel

Sowohl übergestülpt als auch selbst angezogen – und deshalb besonders trickreich und wirkungsvoll – ist der Elternbeziehungs-Mantel aus frühester Jugend. Die Partnerschaft Ihrer Eltern ist die früheste Beziehung zwischen einer Frau und einem Mann, die Sie kennenlernten. Wahrscheinlich ist es auch die Beziehung, die Sie am intensivsten und längsten studieren konnten, um sich dazu eine Meinung zu bilden. Zudem versuchten Ihre Eltern vermutlich, Ihnen alle ihre Erfahrungen zum Thema »richtiges Beziehungsverhalten« anzutrainieren.

Diese drei Tatsachen haben Ihnen schon früh einen Mantel mit besonderer Wirkung umgelegt. Gegen einen Teil davon (»die Fehler«) wehren Sie sich vielleicht den Rest Ihres Lebens. Manches ist Ihnen egal, und wieder anderes finden Sie erstrebenswert (»das Gute«). Diese ganz auf Sie persönlich zugeschnittene Mischung aus Abwehren plus Kopieren bildet wahrscheinlich den am stärksten magnetisch wirkenden Mantel Ihres künftigen Lebens. Dieser Mantel wirkt meist anders, als Sie es sich wünschen, denn er hat seine ganz eigene, scheinbar verdrehte Logik.

Deshalb wird Ihnen dieser Mantel auch immer dann auffallen, wenn wieder einmal eine Beziehung trotz aller guten Pläne völlig verrückt abläuft und Sie damit wirklich unglücklich sind.
Wie der Mantel das macht und wie Sie seine Wirkung beenden können, wird gut verständlich, wenn Sie die Geschichte von Jessica und den dominanten Männern kennengelernt haben.

Jessica und der doppelt gepolte Männermagnet

Wenn die attraktive Jessica auf die Beziehungen ihres bisherigen Lebens zurückblickte, stellte sie fest, dass sie zwei Arten von Männern anzog. Die einen waren freundlich, liebevoll, kompromissbereit und nachgiebig. Das führte dazu, dass Jessica sie nach kurzer Zeit nicht mehr als »richtigen Mann« respektieren konnte und sie erst innerlich, später auch direkt mit abwertenden Bezeichnungen betitelte – woraufhin eine solche Beziehung wieder einmal mit unschönen Worten und Gefühlen endete.
Wie zum Ausgleich zog sie anschließend die zweite Art Mann an. Maskuline, selbstbewusst wirkende Typen, die Jessica aber bald schon entwürdigten, dominierten und sich unehrlich verhielten.
Nach einer wieder einmal geplatzten Partnerschaft traf Jessica ihre Freundin Mina, um darüber zu sprechen.
»Mina, glaubst du, dass es überhaupt jemanden für mich gibt?«, fragte sie. »Einen, der wirklich männlich ist, so wie ich es mir vorstelle, und gleichzeitig auch ehrlich, liebevoll und kompromissbereit?«

»Ich denke, es gibt jede Art von Mann dort draußen«, sagte Mina.

»Ich weiß schon«, sagte Jessica. »Aber wenn nichts Zufall ist und ich ständig Beziehungstypen anziehe, die ich aus ganzem Herzen nicht will, was sorgt dann für diese vermaledeite Anziehung?«

»Vielleicht ist da etwas, das stärker nach außen wirkt als dein Wille«, schlug Mina vor.

»Genau das spüre ich ja auch«, sagte Jessica. »Aber ich komme da nicht raus. Es ist, als würde ich ein Kleid tragen auf dem steht: Hallo, bitte keine männlichen Typen, die gleichzeitig liebevoll sind.«

»Ja, so wirkt es fast«, sagte Mina. »Woher könnte das nur kommen?«

»Woher ich das ganze Thema kenne, ist mir immerhin klar«, sagte Jessica. »Mein Vater war ein schwacher Mann, jedenfalls in meinen Augen. Meine Mutter dominierte ihn und mich dazu. Ich hasse meine Mutter dafür. Und ich verachte meinen Vater, weil er mich nie vor ihr in Schutz genommen hat und sich nie gegen sie durchsetzen konnte. Aber ich liebe ihn trotzdem, weil er ein herzensguter Mensch ist.«

»Ist das nicht genau die eine Art deiner Männerbeziehungen?«, fragte Mina. »Die lieben Softies, die du gleichzeitig für ihre Schwäche verachtest?«

»Du meinst, ich ziehe genau die Eigenschaften an, die ich an meinem Vater ablehne?«, fragte Jessica. »Obwohl ich es auf keinen Fall will? Das widerspricht sich doch!«

»Finde ich gar nicht«, sagte Mina. »Du liebst deinen Vater, weil er warmherzig, anständig, ehrlich und friedliebend ist. Auf eine Art magst du das, also ziehst du Männer an, die es haben. Wenn sie dann da sind, verurteilst du sie, weil du glaubst, es wären alles Schwächen, die schon deinen Vater klein gemacht haben. Am Ende machst du laute Vorwürfe, drohst mit Beziehungsabbruch und schickst sie schließlich weg.«

»Oh, mein Gott«, sagte Jessica und hielt erschrocken die Hände vor den Mund.

»Ich behandele sie genauso, wie meine Mutter meinen Vater behandelt hat.« Sie überlegte einen Moment. »Jetzt fällt mir auch ein, dass ich ihr immer wieder versprechen musste, mir einen starken Mann zu suchen, damit mir nicht dasselbe passiert wie ihr.«

Mina nickte. »Was du ja auch machst, nachdem du eine Beziehung zu einem sanften Mann beendet hast. Du suchst dir dann immer einen, der nicht friedliebend und ehrlich ist, nicht warmherzig und nachgiebig. Stattdessen ist er maskulin, ichbezogen und dominant. Weil dir diese Eigenschaften aber am Ende immer weh tun, suchst du als Nächstes wieder die erste, ungefährliche Variante.«

Jessica starrte Mina mit weit geöffneten Augen an. »Das ist mir nie aufgefallen«, sagte sie. »Aber genauso läuft es ab. Ich suche einen Mann, der so lieb ist wie mein Vater, bereue es anschließend und hole mir dann das Gegenteil.«

Sie machte eine Pause und dachte nach.

»Das klingt alles total logisch, aber auch total verstrickt und so kompliziert. Wie soll ich da jemals rauskommen?«

»Auf jeden Fall hat es mit deinen Eltern zu tun«, sagte Mina. »Und mit irgendwelchen Rollen, die jeder dem anderen aufgedrückt hat. Und die auch du heute noch anderen Männern aufdrückst. Bitte entschuldige.«

»Ist schon gut. Es stimmt ja irgendwie«, sagte Jessica.

»Ideal wäre, wir könnten das gesamte Thema aus deinem Magneten löschen«, sagte Mina.

»Das wäre perfekt. Aber wie?«

Mina runzelte nachdenklich die Stirn. »Ich denke mal darüber nach«, sagte sie. »Und jetzt muss ich gehen, wir sehen uns morgen.«

Am nächsten Tag trafen sich die beiden wieder. Es war Sonntagnachmittag. Mina hatte eine Tüte dabei und lächelte wie jemand, der heimlich einen Weihnachtsbaum geschmückt hat.

»Gestern auf dem Heimweg hatte ich eine Idee«, sagte sie und tätschelte dabei die Tüte. »Wir ahnen, dass es diesen unsichtbaren Mantel gibt, den deine Mutter auf dich übertragen hat. Den Mantel, der sagt: Suche dir bloß nicht so einen Mann wie deinen Vater.«

»Stimmt«, sagte Jessica und nickte.

»Und du spürst, dass er nun ständig entgegen deinem Herzenswunsch entweder deinen Vater oder das Gegenteil von deinem Vater produziert.«

Jessica nickte nochmals: »So ist es.«

»Weil wir diesen vertrackten Mantel nicht wirklich sehen, wissen wir auch nicht, wie wir ihn loswerden sollen.«

»Genau das ist das Problem«, sagte Jessica.

»Ab sofort nicht mehr«, sagte Mina. Sie griff in die Tüte und holte eine Art Hausmeistermantel hervor, hellgrau mit fünf großen Knöpfen, wie man ihn in Heimwerkermärkten bekommt. Doch es war kein normaler Mantel. Mina hatte mit Filzstiften unzählige Male – kreuz und quer auf Front und Rücken verteilt – die immer gleichen vier Wörter geschrieben:

Schwach. Stark. Vater. Mutter.

So sauber und gleichmäßig verteilt wie ein modernes Stoffdesign. Sogar die Knöpfe waren beschriftet. Sie musste den ganzen Abend dafür gebraucht haben.

»Darum geht es doch andauernd, oder?«, fragte Mina.

»Genau darum geht es«, sagte Jessica.

»Und du willst all das loswerden.«

»Ja.«

»Zieh ihn an«, sagte Mina. »Spüre, was es mit dir macht, wenn du ihn trägst.«

Jessicas erster Gedanke war, dass sie das verrückt fand.

»Ich will das nicht anziehen«, sagte sie.

»Aber du hast ihn doch schon an«, sagte Mina. »Hiermit machen wir ihn nur sichtbar.«

Plötzlich verstand Jessica, worum es ging. Sie schlüpfte in den Mantel, knöpfte ihn zu und stellte sich in die Mitte des Raumes. Im Fensterglas sah sie ihr Spiegelbild und sich selbst, wie sie sich in dem wortgemusterten Mantel betrachtete. Während dieser wirklich seltsamen Sekunden erlebte sie zwei Dinge. Das eine war eine unendliche Traurigkeit, als würde der Mantel ihr Herz zerdrücken und steinschwer auf den Schultern lasten. Ihr ganzes bisheriges Leben hatte sie sich mit dem Kampf gegen diese vier Themen beschäftigt. Zu stark, zu schwach, zu sehr wie die Mutter, zu sehr wie der Vater.

Jessicas zweites Erlebnis war die in jeder Körperzelle gefühlte Erkenntnis, dass dieser Mantel nicht ihrer war, sondern der ihrer Eltern. Dieser Stoff hatte deren gesamte Beziehung umhüllt. Jessica hatte damit nichts zu tun.

»Jetzt weiß ich, was ich zu tun habe«, sagte sie mit Tränen in den Augen.

Nach über dreißig Jahren öffnete sie ganz langsam, Stück für Stück, die mit »Mutter«, »Vater«, »stark« und »schwach« beschrifteten Knöpfe. Sie fühlte, wie bei jedem Knopf ihr Brustkorb leichter wurde. Als der Mantel vollständig offen war, entfuhr Jessica ein tiefer Seufzer der Erleichterung. Sie zog ihn von ihren Schultern, langsam, um genau zu spüren, was dabei mit ihr geschah. Obwohl das dünne, graue Baumwolltuch kaum etwas wog, fühlte es sich an, als würde eine schwere Last von ihr gehoben.

Sie legte das Kleidungsstück vor sich auf den Tisch. Schwäche. Stärke. Vater. Mutter. Obwohl dieses Thema vorhin noch eines der wichtigsten in ihrem Leben gewesen war, empfand Jessica den Mantel mit den Worten nun als fremd. Sie spürte, wie dankbar sie Mina für die ganze Arbeit war.

»Was machen wir jetzt damit?«, fragte sie.

»Was machst DU damit?«, fragte Mina zurück.

»Am liebsten würde ich ihn meinen Eltern per Post schicken«, sagte Jessica.

»Das würden sie nicht verstehen«, sagte ihre Freundin. »Es würde sie traurig machen, und eure Beziehung wäre damit noch schlechter.«

»Dann werde ich ihn im Kamin verbrennen«, sagte Jessica.
»Oder in die Mülltonne geben«, sagte Mina.
»Oder irgendwo begraben, wo er verwittert und zu Erde wird.«
»Oder in hundert Stücke zerschneiden.«
Am Ende warf Jessica den Mantel, der ihr nie gehört hatte, in das Feuer ihres Kamins. In hundert kleinen Stücken, weil sie jedes Wort einzeln ausgeschnitten und dann zerteilt hatte. Die Zeit, die sie dafür brauchte, war wie der Übergang in ein neues Leben. Sie machte diesen Schritt ganz allein und dachte bei jedem Geräusch der Schere darüber nach, was sie gerade losließ. Zuletzt füllte sie die Asche in eine kleine Schachtel und schrieb darauf: »Vergangenheit«.
Jessica zog künftig weder Machomänner noch Softiemänner an, weil sie keine Urteile mehr fällte und keine Wut mehr auf die einen oder anderen hatte. Das ganze Thema in ihrem Herzmagneten war erloschen.
Jessicas große Erkenntnis liegt inzwischen zwei Jahre zurück. Seit einem Jahr lebt sie zusammen mit Niklas, dem »Mann ihres Herzens«, wie sie ihn selbst bezeichnet. Er ist weder zu sanft noch zu stark, sondern einfach nur ein guter Mensch.

Das Gegenteil von etwas, das man ablehnt,
muss noch lange nicht das Richtige sein.
Das persönlich Richtige
kann eine völlig neue Lösung sein.

Wie Sie einen unsichtbaren Mantel loswerden

Es kann gut sein, dass ein Thema sich schon allein dadurch auflöst, dass Sie alle Zusammenhänge vollständig verstanden haben. Dann wären Sie an dieser Stelle bereits frei von der Wirkung.
Falls Sie zu den Menschen gehören, die schon einmal die befreiende Kraft von Ritualen erlebt haben, möchten Sie – so wie Jessica – vielleicht noch einen letzten eigenhändigen Schritt durchführen.

Der letzte Schritt

Ein unsichtbarer Mantel besteht aus bestimmten Erlebnissen und Ihren damit verknüpften Bildern, Gefühlen, Gedanken und Beschlüssen. Entweder haben Sie das alles von anderen Menschen übernommen oder es unbewusst selbst erschaffen. Weil dies alles kompliziert, verborgen und vage erscheint, glaubt man oft, es selbst nicht verändern zu können.
Aber Sie können es.
Aus kompliziert machen Sie einfach.
Aus verborgen machen Sie sichtbar.
Aus vagen Gefühlen machen Sie deutliche Gefühle.
Und dann verändern Sie die ganze Sache.

1) Einfach machen

- Woher kenne ich das alles? Mit einem oder zwei Worten beschreiben Sie, von wem der Mantel stammt, in dem Sie sich fühlen. Wem also das Thema in Wahrheit gehört.

- Worum geht es immer wieder? Ein oder zwei weitere Worte bringen auf den Punkt, um was sich alles ständig dreht. Bei Jessica waren das Schwäche und Stärke.

Wenn es mehr Worte werden und das für Sie stimmt, ist es auch in Ordnung. Finden Sie die Begriffe, die das Thema oder die Situation am besten charakterisieren. Sie müssen nicht »perfekt« sein, sondern nach längerem Probieren »am besten passen«. Damit haben Sie das Thema »einfach« gemacht. Falls Sie jetzt denken »Nein, so ein wichtiges Thema kann doch nicht so einfach beschrieben werden«, dann sehen Sie es sich immer wieder an, bis Sie erkennen, dass es tatsächlich immer wieder auf diese Begriffe hinausläuft.

2) Sichtbar machen

Schreiben Sie die Wörter untereinander auf einen Zettel. Was Sie sehen, ist in Wahrheit mehr als nur Worte. Es ist das Programm, das Sie seit Jahren beschäftigt und in Ihrem Herzmagneten für unerwünschte Anziehung sorgt.

3) Fühlbar machen

Finden Sie einen für Sie bedeutungsvollen Gegenstand. Ein Foto, einen Umhang, einen Hut, eine Maske, einen schönen Stein oder ein großes Glas. Vielleicht etwas von den Personen, um die es auch geht. Oder – wie bei Jessica – wirklich einen Mantel. Schreiben Sie die Wörter darauf. Während Sie das tun, fühlen Sie, wie das Thema unter Ihren Händen real wird. Betrachten, berühren oder bewegen Sie den Gegenstand. Sehen Sie sich selbst zusammen mit dem Gegenstand, auf dem die Wörter stehen, im Spiegel an. Machen Sie sich klar, welches große Thema Ihres Lebens dieser Gegenstand jetzt verkörpert. Nehmen Sie sich Zeit, es in sich wachzurufen, bis Sie es deutlich spüren. Erst wenn es fühlbar ist, ist es greifbar, und wenn es greifbar ist, können Sie es nehmen und ablegen.

4) Verändern

Zum Schluss verändern Sie die Sache. Zerreißen oder verbrennen Sie das Papier. Entledigen Sie sich des Umhangs. Nehmen Sie den Hut oder die Maske ab. Zertrümmern Sie den Stein oder das Glas. Ziehen Sie den Mantel aus. Beseitigen Sie dann das, was Sie vor sich oder um sich haben. Tun Sie das so, dass es »endgültig« ist und nichts davon übrig bleibt.

Ihr Unterbewusstsein wird sich an dieses grandiose Erlebnis für immer erinnern: »Ich selbst habe es unwiderruflich beendet. Ich habe es getan, gesehen und gefühlt.« Damit verändert sich augenblicklich die Wirkung Ihres Herzmagneten.

Der magische Moment, in dem sich ein unsichtbarer Mantel zeigt

- Wenn Sie sich verhalten, wie Sie sich selbst nicht kennen.
- Wenn Sie das Gefühl haben, dass Sie diese Art der Begegnung nur eine bestimmte Zeit lang aushalten.
- Wenn Sie am liebsten alles abbrechen und wegrennen würden, um frei zu sein.
- Wenn in der Beziehung immer wieder etwas geschieht, das Sie, in Ruhe betrachtet, nicht wollen.
- Wenn Sie in einer Beziehung spürbar Kraft verlieren, ohne kraftzehrende Dinge zu tun.
- Wenn Sie nach dem Ende eines Kontakts befreit aufatmen.

- Wenn Sie sich versprechen, diese Beziehung zu beenden oder sie auslaufen zu lassen. Und es dann doch wieder nicht tun.
- Wenn Sie wütend werden und die Wut nicht anhalten können, obwohl der sachliche Grund nicht sehr groß ist.
- Wenn Sie sich während der Begegnung weniger stark fühlen als allein.
- Wenn Sie sich teilweise fühlen und verhalten wie als Kind.
- Wenn Sie am Ende »Ja« sagen, obwohl Sie mit einen klaren »Nein« begonnen haben.
- Wenn Sie letztlich sagen, was der andere hören will.
- Wenn Sie Gefühle vorspielen, die Sie gerade gar nicht haben.
- Wenn Sie sich in eine Vergangenheitsrolle gedrückt fühlen.
- Wenn Sie sich immer wieder an eine Prophezeiung einer Person aus Ihrer Vergangenheit über Sie erinnern.

Umgekehrt können Sie all dies auch bei anderen beobachten und daraus ablesen, in welchem Mantel sie sich gerade befinden.

Typische Gedanken, wenn Sie einen unsichtbaren Mantel tragen

- Warum sage ich das nur immer wieder?
- Warum tue ich das immer wieder, obwohl ich es nicht will?
- Er/Sie macht, dass ich mich schuldig fühle.
- Wenn das hier vorbei ist, beende ich es.
- Er/sie macht, dass ich mich klein fühle.
- Es nervt mich gerade ungeheuer.
- Das macht mich so wütend.
- Warum hört das einfach nicht auf?
- Warum sagt er/sie diese Dinge? Merkt er/sie denn nicht, dass ich das nicht will?

Die Befreiung Ihres Herzmagneten von unsichtbaren Mänteln

Schritt 1: Vorausblicken

Überlegen Sie, in welchen Situationen Ihnen ein unsichtbarer Mantel umgehängt wird. An welchen Orten, von welchen Personen? Wann wird diese Situation als Nächstes wiederkommen?

Schritt 2: Mantel ablegen

Angenommen, Sie besuchen Ihre Eltern (oder einen Partner) und wissen schon im Voraus, dass man Ihnen dort wieder den Mantel des Kindes umhängen wird. Sie möchten aber so nicht mehr behandelt werden.

Kurz bevor der Kontakt erfolgt, erinnern Sie sich, dass gleich der altbekannte Mantel über Ihre Schultern gebreitet wird. Wenn es dann passiert, erleben Sie den Moment ganz bewusst, ohne etwas dazu zu sagen. Lassen Sie es geschehen. Und gleich darauf ziehen Sie in Ihren Gedanken den Mantel wieder aus und hängen ihn zurück an den Haken, von dem der andere ihn genommen hat. Er gehört Ihnen nicht und kann bleiben, wo er hingehört. Für diesen Mantel ist jetzt Dienstschluss, und er kommt an seinen Platz.

Schritt 3: Anders machen

Weil Sie nun den Mantel nicht mehr anhaben, müssen Sie sich nicht gegen seinen Druck wehren. Jetzt können Sie »Ja« oder »Nein« sagen, ganz nach Ihrem wirklichen inneren Bedürfnis.

Schritt 4: Neu starten

Wenn Sie dem anderen künftig ohne den altbekannten umgelegten Mantel begegnen, kann das für Sie selbst oder für Sie beide zusammen zu einem ganz neuen Beziehungserlebnis führen.

- Einerseits werden Sie sich nicht mehr in eine Rolle gezwungen fühlen und müssen deshalb auch nicht mehr aus dieser Rolle heraus auf den anderen blicken. Was zur Folge hat, dass Sie die Welt und Ihr Gegenüber anders empfinden und sehen.
- Andererseits bemerkt Ihr Gegenüber an Ihnen neue Verhaltensweisen, spürt eine neue Ausstrahlung und hört neue Worte. Das gibt ihm die Möglichkeit, sich ebenfalls neu zu verhalten.

  Das ist der Moment, in dem Sie vielleicht Ihre ganze Beziehung gemeinsam auf neue und schönere Beine stellen.

Der Mantel, den man Ihnen umgehängt hat,
hat nur Macht über Sie,
solange Sie nicht wissen, was geschieht.
Sobald Sie es erkannt haben,
liegt die Macht bei Ihnen.

Unsichtbare Mäntel: Grund und Sinn

Grund

- Ein Grund, warum Ihnen jemand einen Mantel umhängt, ist der Wunsch, dass Sie diese Rolle annehmen und ausfüllen, damit eine für den anderen altbekannte Beziehungssituation entsteht.
- Ein weiterer Grund ist, dass jemand gar keine andere Sichtweise kennt und jede halbwegs passende Person in den bereitstehenden Mantel steckt.
- Ein Grund, warum Menschen sich selbst Mäntel umhängen, ist, dass sie andere damit in die passende Gegenrolle zwingen und hoffen, dies brächte mehr Vorteile als Nachteile.

Sinn

- Der Sinn eines umgehängten Mantels liegt darin, sich aus seinen Zwängen zu befreien. Auf dem Weg dorthin erleben Sie Wachstum und Erkenntnis. Falls Sie später dennoch einmal kurz in den abgelegten Mantel schlüpfen möchten, geschieht es freiwillig und ohne Belastung.
- Der tiefe Sinn unsichtbarer Mäntel liegt darin, den großen Unterschied zwischen dem wahren Menschen und seiner Umhüllung zu entdecken. Das Herz liebt es, wenn Mäntel keine Bedeutung mehr haben.

Erlebtes Wissen zum ersten Geheimnis

- Beobachten Sie, wo und wie sich Menschen in Ihrem Umfeld gegenseitig unsichtbare Mäntel umhängen. In welche Rollen Sie sich freiwillig begeben oder gegenseitig zwingen. Achten Sie auf die veränderten Verhaltensweisen. Dabei werden Sie Zusammenhänge sehen und verstehen, die Sie früher vielleicht nur am Rande bemerkt haben.
- Rufen Sie sich Situationen ins Gedächtnis, in denen man Ihnen einen Mantel umgehängt hat. Erinnern Sie sich daran, wie sich dabei Ihr Gefühl und Ihr Verhalten verändert haben.
- Beobachten Sie, wo es heute noch geschieht und zu welchen Reaktionen es Sie bringt.

Wie Sie Ihren Magneten neu ausrichten

- Um einem Mantel seine Wirkung zu nehmen, legen Sie ihn ab. Hören Sie auf, die Rolle auszufüllen, in die jemand Sie steckt. Ganz gleich auf welchem Weg und mit welcher Methode dies für Sie am besten funktioniert. Wenn Sie einen Mantel ausgezogen haben, ist er kein Bestandteil der Wirkung Ihres Herzmagneten mehr.
- Überlegen und beschließen Sie, wer Sie anstatt des alten Mantels sind. Kommunizieren Sie das auch verständlich und selbstbewusst. Jedes Bild von sich selbst, das Sie gegenüber anderen aussprechen, verhindert, dass jemand anders Ihnen sein ausgedachtes Bild überstülpt.

Das zweite Geheimnis

Die zweite Welt

Niemand
sieht Sie so,
wie Sie sind.

Jeder sieht Sie immer nur so,
wie seine innere Welt
es ihm in diesem Moment gestattet.

Genau hier beginnt
das Geheimnis aller Beziehungen.

Eine Volksweisheit besagt, dass jeder in seiner Welt lebt. Darin liegt Wahrheit, doch nicht die ganze Wahrheit. Erstens teilen Sie Ihre Welt in vielen Momenten mit anderen Menschen, leben also nicht ausschließlich nur in der Ihren. Zweitens erschaffen andere Menschen mit dem, was sie tun und wie sie sich verhalten, sogar Ihre Welt mit.

Man könnte also genauer sagen: Jeder lebt in zwei Welten. Aus der persönlichen Welt blickt man heraus wie ein Schmetterling, der in einer Seifenblase lebt. In der zweiten, geteilten Welt berührt man sich, spricht miteinander und verbringt Zeit miteinander. Trotzdem wird jeder bei alldem weiterhin aus seiner persönlichen Welt heraus auf den anderen blicken. In Wahrheit berühren wir alle uns immer nur mit unseren Weltenseifenblasen.

Was Ihr Beziehungspartner sieht, hört und fühlt, wenn er Sie aus seiner Blase heraus anschaut, sind nicht wirklich Sie, so wie Sie sind. Es ist nur das, was er von Ihnen durch die bunten Schleier seiner Seifenblase wahrnehmen kann. Diese Tatsache sorgt dafür, dass Sie immer ein kleines Geheimnis für den anderen bleiben werden und er umgekehrt immer ein kleines Geheimnis für Sie bleiben wird. Das macht unsere Beziehungen so spannend, lebendig und bereichernd. Manchmal jedoch auch ein wenig anstrengend und kompliziert.

Verstanden werden wollen
und verstehen wollen
sind zwei große Gründe,
die uns zusammenführen
und verbunden halten.
Denn Verstehen ist Liebe.

Der Schmetterling in der Seifenblase

Wenn Sie menschliche Beziehungen verstehen möchten oder sich selbst besser verstehen möchten, hilft Ihnen das Bild vom Schmetterling in der Seifenblase. Dieser Schmetterling hat eine ganz eigene Weltsicht. Weil sich das Licht der Sonne an der Oberfläche des Seifenfilms bricht, erzeugt es regenbogenartige Schleier. Und weil die Seifenblase kein festes Ding ist, sind diese bunten Schleier ständig in Bewegung. Das sorgt dafür, dass sich das Bild, welches der Schmetterling von seiner Umgebung auffängt, auf immer neue Art und Weise verändert. Jeder Schmetterling hat seine eigene Blase, und jede davon lässt ein ganz persönliches Bild der Welt zu ihm hindurch.

Auch wir Menschen erleben die Welt ganz individuell durch die Seifenblasen unserer persönlichen Sichtweisen und vergangenen Erlebnisse hindurch. Wenn wir eine Beziehung zu einem anderen Menschen gut hinbekommen wollen, geht es deshalb nicht um die Frage: »Wie schaffe ich es, dass der andere so ist, wie ich es mir ersehne?«

Für eine gute Beziehung geht es immer um die Frage: »Will jeder von uns beiden wirklich die Blase des anderen kennenlernen und verstehen?« Und für eine noch bessere Beziehung stellt sich anschließend die Frage: »Will der andere mich innerhalb der Welt meiner Blase unterstützen? So wie ich ihn in seiner Welt unterstütze?«

Normale Beziehungen bestehen aus Vereinbarungen und Regeln. Gute Beziehungen bestehen aus verstandenen und akzeptierten Welten. Liebesbeziehungen bestehen aus der Sehnsucht, voll und ganz in die Welt des anderen einzutauchen.

Was ist eine zweite Welt?

Die zweite Welt ist die persönliche Realität des Menschen, der Ihnen gegenüber sitzt, mit dem Sie gerade sprechen oder mit dem Sie zusammenleben. Sie beinhaltet seine gesamte Lebensgeschichte mit all den persönlichen Erlebnissen. Seine Welt wird durch viele geheime Dinge erzeugt, von denen Sie gar nichts wissen und die er Ihnen auch nie vollständig erzählen wird. Weil er es nicht will, oder auch, weil er vieles selbst nicht mehr weiß. Genauso, wie es vielleicht auch bei Ihnen ist.

Es ist gut, dass wir nicht alles vom anderen wissen, denn wie die Oberfläche einer Seifenblase verändert er sich selbst ständig. Was gerade noch wichtig war, ist morgen schon vergessen. Gefühle von jetzt existieren bald nicht mehr. Unsere zweite, innere Welt ist ständig in Bewegung, teils für uns selbst verwirrend und unvorhersehbar. Alles vom anderen immer zu wissen, würde zu viel unnötiger Verwirrung führen. So hat es also trotz einiger Herausforderungen auch viel Gutes, dass jeder in seiner Welt leben darf.

Majas fast perfekte Beziehung

»Du siehst so anders aus«, sagte Vanessa, als sie nach längerer Zeit ihre alte Freundin Maja wiedertraf. »Bist du verliebt?«

»Ich glaube schon«, sagte Maja und lächelte. »Ich habe einen Mann kennengelernt, und es ist die tiefste Vertrautheit, die ich je zu einem Menschen gefühlt habe.«

»Wie wunderbar, das freut mich sehr für dich«, sagte Vanessa. »Nach all den schlechten Erfahrungen der letzten Jahre.«

Vanessa hatte mitbekommen, dass ihre Freundin von ihren letzten zwei Partnern sehr schlecht behandelt worden war, woraufhin Maja sich stark in sich selbst zurückgezogen hatte. Umso mehr freute es Vanessa, dass sie nun wieder einen Freund zu haben schien.

»Wohnt er in der Nähe?«, erkundigte sich Vanessa.

»Nein, leider fast dreihundert Kilometer Richtung Süden.«

»Erzähl mir mehr«, sagte Vanessa. »Wie sieht er aus?«

»Das weiß ich nicht genau«, sagte Maja. »Wir haben uns noch nicht getroffen.«

»Dann ist es ganz frisch?« Vanessa nickte ihrer Freundin aufmunternd zu.

»Nicht ganz«, sagte Maja. »Wir kennen uns bald ein Jahr.«

»Wie denn das?«, fragte Vanessa. »Entschuldigung, dass ich so komisch frage.«

»Ist schon gut, es ist ja auch ein wenig seltsam. Er heißt Alexander, und er ist so liebevoll. Wir chatten jeden Tag, manchmal stundenlang.«

»Seit einem Jahr?«

Maja nickte.

»Ich habe mich noch nie so gut mit einem Mann verstanden wie mit ihm«, sagte sie. »Wir teilen wirklich alles. Er schreibt mir seine Sehnsüchte und wie

gerne er mit mir alt werden würde. Wir haben uns sogar zusammen Häuser angesehen, in denen wir gerne leben würden. Online natürlich.«

»Aber warum trefft ihr euch nicht in echt?«, fragte Vanessa.

»Es war noch nie der richtige Zeitpunkt«, sagte Maja. »Entweder er war unterwegs oder ich konnte nicht.«

Vanessa runzelte ein wenig die Stirn.

»Was denkst du?«, fragte Maja.

»Ich denke, dass es sich seltsam anhört, und ich frage mich, warum ihr fast ein Jahr lang keine Begegnung geschafft habt.«

»Es hat sich einfach nicht ergeben«, sagte Maja.

»Willst du denn überhaupt, dass es sich ergibt?«

»Ja, natürlich. Wir schmieden ja sogar Zukunftspläne.«

»Jetzt mal ganz ehrlich, als deine Freundin, warum in aller Welt trefft ihr euch nicht?«

Maja seufzte. »Ich habe noch nicht herausgefunden, woran es wirklich liegt. Wenn dir dazu etwas einfällt, wäre ich ganz offen.«

»Gut«, sagte Vanessa. »Was ist der Vorteil für euch beide, wenn eure Beziehung auf dieser Ebene bleibt?«

»Das ist kein Vorteil. Uns ist beiden klar, dass da etwas fehlt.«

»Tun wir trotzdem für einen Moment so, als gäbe es in der Situation auch einen Vorteil. Obwohl die echte Begegnung fehlt, ändert ihr es nicht. Also muss es für jeden einen Nutzen haben, es so zu lassen.«

»Vielleicht wollen wir nicht riskieren, dass unsere Beziehung zerbricht, wenn wir einen weiteren Schritt machen«, sagte Maja.

»Könnte sein«, sagte Vanessa. »Oder aber eure virtuelle Beziehung füllt ganz genau eine Lücke in eurer realen Welt aus. Deshalb braucht es keinen weiteren Schritt. Sich in echt zu sehen, könnte zu einer Beziehungsform führen, die ihr nicht wirklich wollt.«

»Ich mag das nicht hören«, sagte Maja. »Es macht mich traurig. Wir kennen uns nun schon so lange.« Sie machte eine Pause. »Aber es könnte sein, dass du trotzdem Recht hast. Auch wenn es mir weh tut.« Sie sah ihre Freundin an. »Und was soll ich nun tun?«

»Solange du eine solche Beziehung aufrechterhältst, bist du im Kopf und im Herzen vergeben«, sagte Vanessa. »So kannst du unmöglich einen echten Partner anziehen.«

»Aber warum kann ich ihn nicht loslassen?«

»Vielleicht weil das zwischen euch eine heilere Welt ist als alles, was du bislang erlebt hast«, sagte Vanessa. »Ich erinnere mich nur an deine beiden letzten Männer. Aber, Maja, es ist nicht real. Und deine Zeit vergeht. Die Zeit, in der du wirklich glücklich sein könntest. Vielleicht entscheidest du dich, das zu tun, wovor du am meisten Angst hast.«

»Mich trennen?«

»Ich meine, die Entscheidung zu treffen, dass du eine echte Beziehung möchtest und keine Fantasiebeziehungen mehr pflegst.«

»Das ist wirklich der Punkt, der mir Angst macht«, sagte Maja.

»Ich weiß«, sagte Vanessa. »Das ist immer der schwerste Teil. Aber ich glaube, es ist dein Schlüssel.«

Als Maja Alexander mitteilte, dass sie ihre virtuelle Beziehung nun wirklich einen Entwicklungsschritt weiterbringen wollte, versuchte dieser zunächst, den Status weiter aufrechtzuhalten. Aber Maja ließ nicht locker.

Bald darauf trafen sich die beiden tatsächlich, und einige Wochen später fuhren sie zusammen in den Urlaub. Zu dem Ort, an dem sie sich online Häuser angesehen hatten. Auch wenn beide voller Ängste starteten, war es am Ende die schönste Reise der letzten Jahre. Inzwischen sind sie ein Paar.

Wenn man eine ungute Situation nicht verändert,
muss das Nichtverändern Vorteile bieten.
Finden Sie die Vorteile und geben Sie sie auf.
Dann wird Ihr Herzmagnet frei,
um etwas sehr Erfüllendes anzuziehen.

Wann ist eine Beziehung eine Beziehung?

Das erste Jahr war es eine fast perfekte Beziehung. Bis auf die Tatsache, dass es keine reale Beziehung war. Maja und Alexander hatten sich nie getroffen, nie berührt, nie die Stimme des anderen gehört, nie das Gesicht des anderen lächeln gesehen. Nie seine Hand gehalten oder seinen Arm um den eigenen Körper gespürt. Den anderen nie betrübt erlebt oder von Glück erfüllt. Jeder blieb in seiner Welt. Je länger man sich darin übt, umso normaler könnte einem so ein Zustand eines Tages erscheinen.

Die digitale Welt stellt uns vor Beziehungsmöglichkeiten und Situationen, auf die wir oft noch nicht wirklich vorbereitet sind. Die neue Frage lautet: Was genau ist eine Beziehung? Was ist eine Partnerschaft? Ab wann ist es Liebe?

In den vergangenen zigtausend Jahren unserer menschlichen Kultur ohne digitale Kontakte war eine solche Frage einfacher zu beantworten. Der soziale Teil unseres Gehirns ist heute noch nicht vollkommen darauf eingestellt, einen Online-Austausch von einer echten zwischenmenschlichen Begegnung zu unterscheiden. Es kann sein, dass dieser soziale Teil denkt: »Ich höre diese persönlichen Worte des anderen in meinem Kopf. Also ist er irgendwie bei mir.« Und so addiert er die fehlenden Beziehungsteile mit Hilfe der Fantasie dazu. Es entsteht eine zweite, imaginäre Welt, in der die Beziehung schon weiter sein kann, als sie es in Wahrheit ist.

Wir können es hinausschieben, aber eines Tages kommt der Moment, in dem wir erfahren, ob diese Fantasiewelt auch real existiert. Manchmal ist der Unterschied so groß, dass die Enttäuschung wie ein Schock einschlägt. Als würde das Herz erleben, dass es betrogen wurde.

Der Verstand kann das alles gut erklären und vielleicht beiseiteschieben. Aber das Herz kann es nicht verstehen. Es glaubt, all die Gefühle des anderen wurden ihm nur vorgegaukelt, und all die selbst investierten Gefühle waren nur gelogen.

In der virtuellen Welt sind Beziehungen einfach, weil bestimmte Erlebnisse nie geschehen. Jene Erlebnisse, die vielleicht eine Herausforderung sind. Erlebnisse, bei denen man einmal eine Verletzung erfahren hat. Erlebnisse, die einem zu anstrengend sind.

Inzwischen gibt es Computerprogramme, die eine reine Chatbeziehung so gut führen können, dass der Mensch am anderen Ende es lange Zeit nicht bemerkt. Und die Entwicklung steht erst ganz am Anfang.

Nur Worte austauschen können also auch Maschinen. Echte Beziehungen mit realen Begegnungen sind etwas, was unser Menschsein in der Zukunft besonders auszeichnet. Unsere scheinbaren Schwächen und Fehler und Gefühle sind genau das, was uns vom Computer unterscheidet. Also ist es eine gute Idee für ein ganzheitlich erfülltes Leben, sich genau darauf immer wieder einzulassen.

Warum jeder Mensch in einer zweiten Welt lebt

Würden wir unsere Realität exakt so wahrnehmen, wie sie ist, wären unsere Sinne und unser Verstand mit der Menge an Informationen vollkommen überfordert. Unser Unterbewusstsein muss unbedingt auswählen, was in dieser Sekunde halbwegs wichtig ist. Und es muss anschließend entscheiden, was wir gleich wieder vergessen, weil jede nähere Beschäftigung mit diesem Thema wertvolle Kapazität kostet. Was wählt unser Unterbewusstsein also am ehesten aus?

Angenommen Ihr letzter Beziehungspartner hätte Ihnen Leid zugefügt – dann würde Ihr Unterbewusstsein die Menschen in Ihrer Umgebung auf Ähnlichkeiten mit diesem Beziehungspartner untersuchen. Diese Arbeit macht aus Sicht des Unterbewusstseins Sinn, denn so etwas soll ja nie wieder passieren. Und plötzlich erschrecken Sie vielleicht, weil Sie in einem Restaurant Ihren Expartner von hinten sehen. Gleich darauf zweifeln Sie. Dann sind Sie wieder fast sicher. So lange, bis die Person sich umdreht und Sie erleichtert aufatmen. Ihr Unterbewusstsein kann den Blick in diese Richtung beenden, denn in Wahrheit war es jemand anders. Ihre Gedanken hatten die reale Welt und die Welt Ihrer Erinnerungen vermischt und Sie für ein paar Minuten in eine unwahre Realität geschickt.

Ganz ähnlich kann auch der Blick eines anderen Menschen auf Sie zustandekommen. Vielleicht erinnern Sie ihn an jemanden, aber er sagt es Ihnen nicht, weil es eine verflossene Beziehung ist. Jedes Mal, wenn Sie auf eine bestimmte Art lächeln, versetzt das Ihren Partner in den schönen Teil einer Vergangenheit mit der anderen Person. Deshalb hat er Sie unter anderem gewählt.

Wir alle erinnern uns ständig gegenseitig an etwas, das wir kennen und suchen. Wahrheit, Erinnerung und Traum vermischen sich immerzu. So entsteht das wunderbare Mysterium unserer persönlichen Realität. Niemand kann das ändern, aber wir können es immer besser verstehen und respektieren lernen.

Wir müssen uns nie gegenseitig vorwerfen,
nicht die ganze Wahrheit zu sehen.
Denn der ständige Versuch, sie zu erkennen,
ist ja ein Sinn unseres Lebens.

Was Hannah ganz sicher wusste

Hannah war seit drei Jahren rettungslos in Liam verliebt. Aber Liam wusste nichts davon, oder er tat zumindest so, als wüsste er nichts davon. Die beiden waren Kollegen. Hannah wusste, dass Liam eine Frau und einen Sohn hatte, was nichts daran änderte, dass sie gegenüber Liam die stärksten Gefühle ihres Lebens spürte. Hannahs große innere Qual bestand natürlich darin, dass es zu keiner echten Beziehung kam, nicht einmal zu einem persönlichen Austausch, der über den kollegialen Umgang hinausgegangen wäre. In ihrer Welt war sich Hannah absolut sicher, dass sie tiefe Liebe spürte, deshalb suchte sie seit dem ersten Moment nach Erklärungen dafür, warum ihre beiden Welten nicht zusammenkamen.
Jeder Versuch von Freundinnen, Hannah zum Loslassen ihrer angeblich fixen Idee von Liebe zu bewegen, war erfolglos. Obwohl Hannah wusste, dass die Situation für ihr persönliches Lebensglück sehr ungut war, war es ihr unmöglich, die Liebe zu Liam abzustellen.

Das ging so lange weiter, bis Hannah eines Tages aus betrieblichen Gründen gekündigt wurde und sich eine andere Stelle suchen musste. Nachdem sie Liam einige Monate nicht mehr gesehen hatte, war es, als würde sie langsam aus einem schlechten Traum erwachen. Erst zwei Jahre später war sie bereit, sich für die Möglichkeit einer neuen – diesmal vielleicht richtigen – Beziehung zu öffnen. Ganz vergessen hat sie ihre Liebe zu Liam aber nie.

Drei mögliche Gründe für Hannahs Gefühle

Falls Sie etwas Ähnliches wie Hannah schon erlebt haben, wissen Sie, dass hier Kräfte am Werk sind, gegen die Logik und Vernunft keine Chance haben. Dennoch kann es gut sein, dass eine ganz bestimmte Erkenntnis Sie schneller aus so einer unglücklichen Situation befreit. Es gibt drei wichtige Gründe für Erlebnisse, wie Hannah sie hatte.

Möglichkeit 1: Hannah erkennt die Seele wieder

Falls Hannah Liam aus einem früheren Leben kennt, wäre es typisch, dass sie seine »Seelensignatur« spürt. Falls es früher eine Liebesbeziehung war, löst das sehr starke Gefühle aus, denen sich kaum jemand entziehen kann. Für Liams scheinbar unbeteiligtes Verhalten gibt es zwei Erklärungen. Entweder er spürt es nicht, weil er von seiner geschlossenen Weltenblase aus Familie und Beruf vollkommen umgeben ist. Oder er spürt es und setzt alles daran, die Gefühle im Keim zu ersticken, weil er bereits einem Lebensplan folgt, der in diesem Leben nichts mit Hannah zu tun hat.

Hannahs befreiende Erkenntnis wäre dann: »Es ist Liebe. Aber in diesem Leben wird leider nichts daraus.«

Möglichkeit 2: Hannah spürt die Erfüllung eines geheimen Traums

Liams Herzmagnet passt haargenau zu Hannahs tiefer Sehnsucht, wie sich die Ausstrahlung eines perfekten Mannes anfühlen soll. Wenn Liam nicht auf eine Beziehung einsteigt, bleibt Hannah in der Phase dieses ersten Erkennens und Fühlens stecken. Weil die Beziehung dann zum größten Teil aus einer Traumblase besteht, gibt es natürlich auch keine Möglichkeiten für eine Fortentwicklung zu mehr Klarheit.

Hannahs befreiende Erkenntnis wäre: »Falls es vorgesehen wäre, dass wir zusammenkommen, würde sich die Situation auch spürbar bewegen.« Einseitige Beziehungen sind auf Dauer aus Seelensicht sinnlos, denn die Seele strebt danach, die Lebenszeit mit realen Erlebnissen und Erkenntnissen zu füllen.

Möglichkeit 3: Liams Ausstrahlung öffnet Hannahs Herz

Da jeder Mensch über sein Herz nach außen sendet und von außen empfängt, kann es sein, dass allein Liams Ausstrahlung etwas tief in Hannah berührt. Wenn man so etwas zum ersten Mal intensiv erlebt, könnte man es mit einem Auftrag des Universums für eine Partnerbeziehung verwechseln. Aber so eine Berührung kann auch nur geschickt worden sein, damit sich ein bislang verschlossenes Herz öffnet.

Hannahs Erkenntnis wäre dann: »Danke, dass ich erleben darf, wie es ist, so zu fühlen. Und nun bin ich bereit für einen Menschen, der an meiner Seite sein wird und sich ebenso anfühlt.«

Der magische Moment, in dem sich das Leben in zwei Welten bemerkbar macht

- Sie erkennen plötzlich eine Wahrheit, die Ihnen bislang nicht bewusst war.
- Sie fühlen sich aus unerklärlichen Gründen unverstanden, getrennt oder einsam.
- Ihre wahren Interessen weichen zunehmend voneinander ab.
- Der Verstand sagt, die Beziehung sei in Ordnung, aber das ganze Gefühl sagt, dass etwas nicht in Ordnung ist.
- Jemand führt ein geheimes Doppelleben.
- Jemand redet fast ständig nur über sich und seine Welt.
- Sie sagen etwas, fühlen aber, dass es nicht ankommt.
- Sie stellen fest, dass es nie um Ihre Bedürfnisse ging.
- Sie fragen sich, was Sie hier eigentlich machen.
- In dem Moment, wenn Sie konkret werden und die Welten verbinden wollen, macht der andere einen Rückzieher.
- Sie verlieren zunehmend Ihre schönen Gefühle gegenüber dem anderen, weil sie ihn nicht mehr greifen können.

Die Befreiung Ihres Herzmagneten von der Wirkung trennender Welten

Die Welten verbinden

Ein Problem unserer Leben in den persönlichen Blasen ist, dass wir bestimmte Dinge zwar tun, aber sie nicht »wirklich« tun. Wir handeln zwar, bleiben dabei jedoch weitgehend in unserer Blase. Ob sich unsere Welten verbinden, hängt immer davon ab, ob wir von ganzem Herzen tun, was wir gerade tun. Die Beteiligung des Herzens ist der Schlüssel.

Teilen Sie aus dem Herzen

Falls Sie nicht gefragt werden, integrieren Sie den anderen von selbst immer wieder in Ihre Gedankengänge. Fragen Sie um seinen Rat. Sagen Sie, dass Sie nicht wissen, ob Ihre Gedanken gerade auf dem richtigen Weg sind, und dass Sie seine Gedanken dazu gerne kennenlernen möchten. Sprechen Sie von selbst genau das aus, was in Ihrer Seifenblase gerade los ist.

Sehen Sie mit dem Herzen

Sehen Sie Ihren Beziehungspartner immer wieder an, wenn Sie mit ihm zusammen sind. Sie könnten denken, das wäre ein banaler Tipp. Doch die Praxis zeigt, dass die Augen vieler Menschen zwar in die Richtung des anderen blicken, ihn aber dabei nicht wirklich sehen. Untersuchen Sie Ihren Partner, als wollten Sie herausfinden, ob mit ihm alles in Ordnung ist. Wie es ihm gerade geht. Wie seine Haut aussieht, seine Augen, sein Gesichtsausdruck, seine Körperhaltung. Was drückt das alles gerade aus? Falls Ihnen dabei etwas Schönes auffällt, sprechen Sie es aus. Machen Sie ernst gemeinte Komplimente, die zeigen, dass Sie gerade Verbindung zu seiner Welt aufgenommen und etwas Liebenswertes an ihm entdeckt haben.

Seien Sie mit dem Herzen anwesend

Woran mag Ihr Partner gerade denken? Fragen Sie es: »Worüber denkst du gerade nach?« Wenn er etwas sagt, müssen Sie nichts davon bewerten oder lösen. Freuen Sie sich einfach zu erfahren, was in ihm los ist. Wenn er etwas von sich preisgibt und es keine anstrengenden Folgen hat, wird er beim nächsten Mal gerne wieder etwas von sich preisgeben. Falls es jedoch Arbeit erzeugt, wird er es künftig bleiben lassen. Sagen Sie: »Das verstehe ich.« Jeder möchte verstanden werden, ohne dass es gleich eine Folge hat. Falls Sie selbst gefragt werden, freuen Sie sich und berichten Sie. Egal, wie banal Ihr Gedanke gerade sein mag. Wir denken nicht ständig tiefgründige, logische, brandneue Dinge. Doch in jedem Moment, in dem wir nicht teilen, halten wir unsere Seifenblase geschlossen.

Die Details fallen lassen

Die Geschichte unserer Erde hat dafür gesorgt, dass wir auf Details ausgerichtete Lebewesen sind. Alle unsere Vorfahren mussten ständig die Umgebung auf Nahrung, Risiken und Feinde scannen. Insgeheim sucht ein Teil von uns immer noch nach möglichen Fehlern, damit nichts schiefgeht. Andere Menschen an Details zu messen, liegt uns sozusagen in den Genen.

Sie blicken also aus Ihrer Blase heraus und stellen fest: Der andere macht dies und das ständig ganz anders als ich. Das kann zu sich endlos wiederholenden Reibungen führen. Denn kein Mensch macht je alles so, dass es Sie nie stören wird.

Die Liebe ermöglicht es Ihnen, den anderen »als Ganzes« zu fühlen. Immer wenn ein Detail Sie gerade stört, erinnern Sie sich, wie sehr Sie den anderen insgesamt als Mensch lieben. Das ist ein Geheimnis langer, glücklicher Partnerschaften.

Überleben ist auf Details ausgerichtet.
Liebe ist auf das Ganze ausgerichtet.

Vier gute Ideen für die Harmonie der Welten

Frieden zwischen den Welten schaffen

Nutzen Sie Ihr Wissen um die Blasen, die sich niemals voll verstehen werden. Wenn Sie etwas mitteilen möchten, ohne jemanden dabei anzugreifen, könnten Sie beginnen mit: »In meiner Welt erlebe ich gerade ... In meiner Welt kommt es gerade so an ... In meiner Welt suche ich nach ... Und wie ist es in deiner Welt?«

Den »Sieh mich doch bitte«-Druck loslassen

Geben Sie es auf, endlich vollkommen gesehen und verstanden werden zu wollen. Es wird nicht geschehen. Sie werden Berührungen erleben. Sie werden Verstehen erleben. Und Liebe. Das wird wundervoll sein. Solange Sie diese Blume nicht nehmen und an ihr ziehen. Das Verlangen, dass jemand Ihre innere Welt wirklich versteht, erschafft Trennung zwischen Ihnen und dem anderen. Ihr Unterbewusstsein würde dann immer nur auf die Lücke zwischen Ihnen beiden blicken und angstvoll oder misstrauisch beobachten, ob diese größer oder kleiner wird.

Die Erlaubnis geben, anders zu sein

Liebe entsteht durch das Loslassen von zwanghaften Handlungen, Worten und Gedanken gegenüber dem anderen. Sobald Sie das Wissen um die parallelen Welten in sich aufnehmen, verändert sich Ihre Sichtweise auf Menschen. Ihr Herzmagnet wird aussenden: »Ich verstehe, dass du in deiner Welt lebst, und für mich ist es wundervoll so. Du darfst das.« Diese liebevolle Haltung wird der andere spüren. Und dann kann auch er loslassen.

Nichts erzwingen wollen

Wenn sich zwei Welten einfach nicht überschneiden wollen oder sie sich einfach nicht mehr so überschneiden wie früher, seien Sie bereit, Ihren Wunsch nach einem bestimmten Zustand loszulassen. Erinnern Sie sich, dass auch zwei sich berührende Seifenblasen ständig in Bewegung und Veränderung sind.

Unsere größten Konflikte entstehen
aus dem Unverständnis unserer verschiedenen Welten.
Und die größte Liebe entsteht daraus,
uns genau dies gegenseitig zu vergeben.

Die zweite Welt: Grund und Sinn

Grund

- Eine innere Welt kann eine heilere, bessere, erfüllendere Welt sein, darum lieben und schützen wir sie.
- Unsere innere Welt können wir so einfach oder so komplex machen, wie wir es wollen. Menschen mit ähnlich einfachen oder komplizierten inneren Welten passen gut zusammen.

Sinn

- Kein Lebewesen verschwendet gerne unnötig Kraft. »Alles was nötig ist, aber nicht mehr«, sagt die Evolution. Nur der Mensch kann dieses Naturgesetz überwinden, wenn er sich für mehr interessiert, als nötig ist. Und die Liebe weckt in uns diesen Wunsch.
- Ein tiefer Sinn ist das Verstehen von Realität. Was zog dieses oder jenes an? Darüber erkennen Sie, was in Ihrem Magneten enthalten ist. Und damit erkennen Sie letztlich sich selbst noch besser.

Erlebtes Wissen zum zweiten Geheimnis

- Erinnern Sie sich an Situationen, in denen Ihnen plötzlich »ein Licht aufging«. Das war der Moment, in dem Sie erkannten, dass Ihre innere Welt an einer Stelle nicht der Realität entsprach. Sie erkannten eine Wahrheit.
- Auch während Sie ein Buch lesen, befinden Sie sich in Ihrer inneren Welt. Wenn Sie aufblicken, wechseln Sie in die äußere Welt. Spüren Sie den Unterschied? So geht es jedem Menschen in jedem Moment. Fragen Sie Ihr Gegenüber immer wieder einmal: »In welcher Welt bist du gerade?«
- Sehen Sie sich zwischenmenschliche Probleme für einen Moment mit der Erkenntnisbrille der persönlichen Welten an. Dabei könnten Sie entdecken, dass nahezu jedes Problem mit der Reibung von Sichtweisen, Zielen und persönlichen Erlebnisunterschieden zu tun hat.

Wie Sie Ihren Magneten neu ausrichten

- Alle großen Philosophen fanden heraus: Was immer jemand sagt, ist gerade seine bestmögliche persönliche Meinung, aber nicht die absolute Wahrheit. Das hilft Ihnen, nicht alles zu glauben. Und es hilft Ihnen, von niemandem mehr Wahrheit zu erwarten, als er sehen kann. Auch nicht von sich selbst.
- Eine gute Grundhaltung lautet: »Wie interessant, ein Stück deiner Welt kennenzulernen.« Gerade für Beziehungen ist das wundervoll, denn so entfallen viele Vorwürfe und Reibungspunkte.
- Jeder macht seine Sache so, wie er sie in seiner Welt eben macht. Versuchen Sie, den anderen seine Dinge auf seine Weise statt auf Ihre Weise machen zu lassen. Sprechen Sie umgekehrt das Recht aus, Ihre Dinge auf Ihre Art machen zu dürfen.
- Wenn Sie ohnehin immer in Ihrer Welt leben, machen Sie sich diese Welt so schön es nur geht. Warum sollten Sie sich selbst oder jemand anderen dafür tadeln? Erschaffen Sie vollkommen bewusst Ihre »Welt in der Welt« – wissend, dass es Ihr persönlicher Ausschnitt ist.

Das dritte Geheimnis

Geheime Markierungen

Jedes Ziel in Ihrem Leben
messen Sie an einer Vorgabe.

Jeden Wunsch
am Stand seiner Erfüllung.

Jedes Gefühl
an seiner Ursache.

Wichtige Dinge zu messen,
aktiviert Kräfte,
unter deren ungewollten Einfluss Sie
selbst und andere geraten können.

Auch wenn es sich manchmal so anfühlt, geschieht in Ihrer Gefühlswelt dennoch nichts zufällig. Ob Sie Zufriedenheit empfinden, hängt zum Beispiel stark davon ab, woran Sie sie messen. An einer Beziehung? Wie genau soll sie sein? An Geld? Falls ja, an welcher Summe? An einer Wohnumgebung? An Lebenszielen? An Freiheiten? Vieles zum Thema Glück hängt sehr von persönlich ausgewählten Messpunkten ab.

So auch bei der Liebe. Ob Sie sich geliebt fühlen, hängt davon ab, von wem. Von Ihnen selbst? Von einem anderen Menschen? Von Gott? Vom Leben? Von der Welt? Sie wählen, woran Sie Liebe messen und welchen Erfüllungsgrad dieses Bedürfnis gerade hat. Daraus entstehen dann viele Ihrer Gefühle zu diesem Thema.

Was ist eine geheime Markierung?

Eine geheime Markierung ist eine Art Messpunkt auf einer inneren Skala, an dem sich jemand bewusst oder unbewusst orientiert, um zu entscheiden, ob ein Thema in seinen Augen gut, normal oder schlecht verläuft.

Dieses System läuft in jedem von uns ab und bietet im Alltag viele Vorteile. In zwischenmenschlichen Beziehungen und für das Selbst-Gefühl hingegen kann es ungewollte Nachteile erschaffen.

Geheime Markierungen zur Orientierung

Sehr vieles in Ihrer inneren Welt richtet sich an solchen Messpunkten aus. Die meisten davon haben Sie nie bewusst gewählt. Sie sind durch das Leben und seine Ereignisse entstanden. Oder durch Ihre Eltern, deren Verhalten Sie vermeiden oder nachahmen wollten. Ebenso wie durch die Konsequen-

zen, die Sie aus bestimmten Verletzungen gezogen haben, oder durch die Erkenntnisse, die Sie aus Ihren Erfahrungen gewonnen haben.
Ihre persönlichen Messpunkte helfen Ihnen durch Ihr Leben, denn Sie geben Ihnen Richtung und die Möglichkeit, sich notfalls auch einmal schnell zu entscheiden. Sei es Urlaub, Beruf, Partnerschaft, Familie oder Hobby ... Wie gut oder wie schlecht ist es? Was fehlt, was läuft perfekt? Wo muss ich handeln, wo darf ich loslassen? Wenn Sie genauer hinsehen, stellen Sie vielleicht fest, dass sich ein großer Teil Ihres Lebens zwischen bestimmten Markierungspunkten bewegt und Sie sich intuitiv vor allem mit den Abweichungen beschäftigen.

Geheime Markierungen als Schutz

Wenn Sie zum Beispiel besonders darauf achten, dass nie mehr jemand diese eine bestimmte Sache macht, haben Sie eine geheime Markierung erschaffen, an der Sie Ihr Verhalten, Ihre Bereitschaft, näherzukommen, und vielleicht sogar die Zukunft der Beziehung festmachen. Das wäre ganz normal. In so einem Fall soll Ihre Markierung Sie vor etwas bewahren.

Geheime Markierungen als Druck

Sollten Sie selbst der geheimen Markierung eines anderen ausgesetzt sein, können Sie spüren, wie sich ein Druck um die Beziehung, um Ihr Herz oder um Ihr Leben legt. Sie fühlen sich unter Beobachtung, gemessen und bewertet. Sie haben das Gefühl, ständig etwas erfüllen oder eine nicht greifbare Katastrophe verhindern zu müssen. »Ich muss etwas unbedingt richtig machen. Aber was genau?« Obwohl Sie nichts sehen und nichts beweisen können, wirkt die Markierung auf Sie wie ein Zwang, sich mit ihr zu beschäftigen.

Eine geheime Markierung wirkt wie ein Magnet auf das Verhalten, die Gedanken und die Gefühle der Beteiligten. Plötzlich richtet sich alles daran aus.

Die enorme Kraft innerer Markierungen

Sobald zu einem Thema einmal eine Markierung gesetzt wurde, hat alles in Ihnen eine Vorgabe, eine Richtung, einen Sinn und einen Weg. Dort will ich hin. So soll es sein. Dies darf auf keinen Fall unterschritten werden. Jenes muss mindestens erfüllt sein. Bestimmte Markierungen können für viele Jahre große Bedeutung haben. An manchen richten Sie vielleicht sogar Ihr ganzes Leben aus.

Wichtige Markierungen erschaffen Ihre Gefühle

Je nachdem, wie gut eine innere Markierung eingehalten, überschritten oder unterschritten wird, entstehen in Ihnen Gefühle.

- Ich bin wundervoll nahe am Ziel, das Leben liebt mich!
- Dieser Mensch hat alles, was ich immer wollte. Ich bin so glücklich.
- Aufpassen! Ich bin gerade gefährlich nahe dran.
- Punktlandung! Was für ein grandioser Tag.
- Oh, nein, ich entferne mich gerade davon.
- Was für ein Riesenglück, ich habe es übertroffen.
- Ich bin so traurig, ich habe es überhaupt nicht erreicht.

Diese Gefühle wirken als Teil Ihres Herzmagneten

Vieles in Ihrem Leben dreht sich also um Markierungen und darum, wo Sie auf dem Weg dorthin stehen. Eine richtig gesetzte Markierung kann Sie deshalb sehr glücklich machen und eine falsch gesetzte kann Sie sehr bedrücken. Ihre Einschätzung und das Gefühl, wie weit Sie von einer inneren Markierung entfernt sind, entscheiden über Zeitdruck und Ängste oder Entspannung und Sicherheit. Wie bei einem »Mensch-ärgere-dich-nicht«-Spiel beobachtet ein Teil von Ihnen immer mit, wie gut alle Ihre Figuren ins ersehnte markierte Häuschen kommen, wie nahe Sie dem Ziel sind oder wo es wieder einen Rückschlag bis zum Start gab.

Darüber hinaus wirken solche Markierungen nicht nur in Ihnen selbst, sondern auch auf Ihre Beziehungspartner …

Matteos Ultimatum

Als selbstständiger Geschäftsmann war Matteo es gewohnt, sein Leben in die eigene Hand zu nehmen. Der Erfolg bestätigte ihm, dass es gut war, sich Ziele mit Zeitplanungen zu setzen und die Fortschritte voranzutreiben.

Privat hatte Matteo weniger Glück als im Beruf. Zwar hatte er keinerlei Probleme, Frauen kennenzulernen, doch nach einer Weile lief jede Beziehung auf ein ähnliches Ergebnis hinaus: Matteo war genervt. Von der Frau selbst, von dem, was sie ständig wollte, und vor allem von den oft stark unterschiedlichen Befindlichkeiten.

Eines Abends saß er mit Joey, seinem Geschäftspartner, nach einem langen Messetag an der Hotelbar. Die beiden unterhielten sich darüber, wie der Tag verlaufen war, als auf Matteos Smartphone eine Kurznachricht aufleuchtete. Matteo sah kurz hin, atmete einmal laut aus und drehte das Handy mit dem Display nach unten.

»Die nervt mich gerade etwas«, sagte er halb zu sich selbst, halb zu Joey und nahm einen Schluck Bier.

»Lisa?«

Matteo nickte.

»Was ist denn mit ihr?«, erkundigte sich Joey.

»Ich mag sie ja, aber im Moment ist sie extrem labil«, erklärte Matteo. »Ständig ruft sie mich an oder schickt Nachrichten. Als ich sie kennenlernte, war sie viel selbstständiger, und alles lief prima zwischen uns. An den Wochenenden machten wir tolle Sachen, Kurztrips, Wellness, in die Berge gehen. Es war nie ein Problem. Jetzt ist irgendwie alles ein Problem. Keine Ahnung, warum sie sich plötzlich so an mich dranhängt.«

»Und was sagt sie, wenn du sie darauf ansprichst?«, fragte Joey.

»Immer etwas anderes«, sagte Matteo. »Wie es jetzt mit uns weitergeht. Ob wir umziehen. Wie meine Vorstellung von der Zukunft wäre.«

»Naja, ist ja irgendwie verständlich«, sagte Joey.

»Natürlich ist es irgendwie verständlich. Aber für mich ist alles gut, wie es ist. Ich brauche keine Veränderung. Sie will Veränderung. Und das nervt mich inzwischen etwas.«

»Hast du ihr das gesagt?«, fragte Joey.

Matteo winkte ab.

»X-mal.«

»Und was machst du nun?«, fragte Joey.

»Ich sehe mir das jetzt noch drei Monate lang an«, sagte Matteo. »Wenn sich bis dann nichts ändert, werde ich die Sache beenden.«

»Du hast ihr also ein Ultimatum gesetzt«, sagte Joey. »Klingt ein wenig hart.«

»So habe ich es ihr natürlich nicht gesagt«, entgegnete Matteo. »Das würde sie noch mehr unter Druck setzen. Ich ziehe mich im Moment einfach etwas zurück und warte. Aber, wie gesagt, habe ich nicht ewig Geduld. Irgendwann muss auch mal Schluss sein damit.«

»Verstehe«, sagte Joey. »Da mische ich mich besser nicht ein.«

Die drei Monate von Matteos heimlich gesetzter Frist waren noch nicht einmal zur Hälfte um, als er auf einer Geschäftsreise in Frankreich Françoise kennenlernte. Sie war eine in Matteos Augen bezaubernde und leidenschaftliche Frau, die keine Probleme hatte und mit ihm gerne ihre Wochenenden auf Kurzreisen oder mit Sport verbrachte.

So wie auch Lisa zu Beginn.

Es lief einige Monate lang alles genau so, wie Matteo es mochte, was ihm zeigte, dass er bezüglich der Trennung von Lisa die richtige Entscheidung getroffen hatte.

Bis auch Françoise eines Tages mehr wollte.

Und Matteo stand schon wieder vor derselben Entscheidung.

Was Matteos geheimes Ultimatum bewirkte

In dem Moment, als Matteo ein nur ihm bekanntes zeitliches Ultimatum mit einem nur ihm bekannten heimlichen Ziel setzte, beendete er in Wahrheit den zwischenmenschlichen Kontakt zu Lisa. Ab diesem Moment hatte Lisa keinen wohlwollenden Partner mehr an ihrer Seite, sondern eine Art Richter über ihr Schicksal. Indem Matteo die Beziehung auf das Einhalten seiner Vorstellung reduzierte, übertrug er seiner Partnerin innerlich die alleinige Verantwortung für das Gelingen oder Misslingen der Beziehung.

Aus Sicht eines erfolgreichen Geschäftsmannes ist die Ausrichtung auf das Einhalten von einer Art Partner-Vertrag verständlich. Wenn es jedoch um Liebe und Lebensgemeinschaft geht, zerstört genau das die Herzensverbindung.

Für Matteo produzierte seine persönliche Erfolgsidee von Partnerschaft immer weitere Wiederholungen und Beziehungsabbrüche an ähnlichen Punkten. Für seine jeweiligen Partnerinnen erzeugten diese geheimen Markierungen den ständigen Druck, um Liebe und Anerkennung kämpfen zu müssen. Dies wiederum war eine Tatsache, die Matteo gewöhnt war, die ihm schmeichelte und gute Gefühle bereitete. Was ihn zu folgender Überzeugung brachte: »Wie das Leben mir immer wieder zeigt, bin ich der begehrenswerte Teil in einer Beziehung. Begehrenswert zu sein, ist sehr gut. Folglich mache ich meine Sache richtig. Deshalb richte ich mich weniger nach anderen, dafür haben sich andere im Großen und Ganzen nach mir und meinem Erfolgsprinzip zu richten.«

Wie »arbeitet« eine geheime Markierung?

Wenn Sie in einen Blumenladen gehen, um sich eine Rose auszusuchen, weil Sie jemandem eine Freude bereiten möchten, stehen Sie vielleicht vor einem Kübel mit zwanzig gleichfarbigen, gleich großen Rosen. Obwohl sich alle sehr ähneln, sind sie nicht alle identisch. Ihr Blick rastert also in Windeseile alle Rosen und sucht nach etwas. Nach was?

Die meisten Menschen würden sagen: »Mein Blick sucht nach der schönsten Rose.« Das stimmt. Und nun fragen Sie sich: Wie ganz genau macht mein Blick das, wenn alle sehr ähnlich aussehen?

Versuchen Sie, sich kurz in eine solche Situation zu versetzen. Sie suchen die hübscheste Rose. Auf dem Weg zur Entscheidung bewerten Sie alle Rosen. Jene mit scheinbar minimalen Makeln sortieren Sie geistig aus. Nach ein paar Durchläufen kommen Sie immer wieder auf die eine zurück, die Sie schließlich nehmen.

Was also macht Ihr Blick auf der Suche nach der Rose, die in Ihren Augen am besten passt?

Er sucht Fehler.

Sie nehmen das in Ihren Augen fehlerärmste Produkt. Ihre Endauswahl wird die Ihrer Meinung nach wenigsten Störungen haben, und deshalb werden Sie denken: »Genau diese Rose nehme ich. Sie ist perfekt.«

Der Vergleich mit den anderen Rosen hat Ihnen geholfen, am Ende dieses nützliche Urteil zu bilden.

Natürlich sind Menschen keine Rosen, und wir geben uns sehr viel Mühe, sie anders zu sehen. Dennoch kann es geschehen, dass sich unser Blick bei der Suche nach dem, was uns guttut, unterbewusst auf Fehlersuche begibt. Und das könnte der andere spüren.

Das Gute muss man aktiv sehen wollen und suchen.
Das Ungute findet unser Blick von selbst.
Darum ist es weniger Arbeit,
die Welt negativ zu sehen,
und braucht eine gewisse Mühe,
sie positiv zu sehen.

Woran wir Glück messen

Ob es um Rosen oder Menschen geht, macht für Ihr Unterbewusstsein wenig Unterschied. Ein gefundener Fehler ist wie ein markierter Punkt auf einer Skala. Ab sofort können Sie vergleichen: Liegt das, was Sie jetzt gerade haben, oder das, was als Nächstes kommt, über oder unter Ihrer Markierung? Schön. In Ordnung. Dankbar. Sicher. Attraktiv. Komfortabel. Tolerierbar ... Falls etwas über der Markierung liegt, also im Plus, erleben Sie freudige Überraschung, Glück, Dankbarkeit, Entspannung oder gelassene Zufriedenheit. Liegt es hingegen unter der Markierung, drängt etwas in Ihnen zum Eingreifen oder Verändern.

Wenn Sie also auf einem Gebiet Ihre Markierung für »Alles in Ordnung« tiefer setzen, werden Sie mehr Situationen für Freude erleben, als wenn Sie die Latte hoch legen.

Sie können vielleicht nicht die Welt verändern, aber Sie können Ihre Markierungen zur Bewertung der Welt verändern. Nicht anderen zuliebe, sondern für Ihr ganz persönliches Lebensglück.

Glücksgefühle entstehen, wenn die Realität
eine Hoffnung erfüllt oder übertrifft.
Unglücksgefühle entstehen,
wenn die Realität eine Hoffnung nicht erfüllt.
In beiden Fällen hängt es von der Hoffnung ab.

Melina und die Messungsfalle

Melina hatte das Thema mit den Bewertungen in ihrem Leben schon viele Male als Ursache für unschöne Erlebnisse und Gefühle erkannt. Aufgewachsen bei Eltern, die sie für gute Leistungen belohnten und bei schlechten Leistungen mit Missfallen bedachten, lernte Melina schon früh, wie sie sich verhalten musste, um Wohlwollen zu ernten. Oft ganz anders, als es ihr guttat.

Sie beschloss, alles besser zu machen, wenn sie eines Tages selbst Kinder hätte. Diese Gelegenheit bekam sie auch mit ihrem Sohn Finn und ihrer Tochter Sofie. Melina achtete darauf, die beiden vom Druck der Bewertungen möglichst frei zu halten. Sie freute sich mit ihnen über gute Noten und entlastete sie von schlechteren Ergebnissen. Oft nahm sie Kontakt mit den Lehrern auf, um die Bewertungen ihrer Kinder anzuheben. Melina tat wirklich alles, um ihre eigenen Erlebnisse nicht auf ihre Kinder zu übertragen.

Doch leider hörte die Bewertung in Kindergärten, Schulen und bei Freunden nicht auf. Finn und Sofie setzten sich darüber hinweg und ignorierten jede Form von Urteilen über sie. Das wiederum führte dazu, dass sie bald als undiszipliniert, unaufmerksam, unhöflich, egoistisch oder überheblich galten.

Womit das Thema der Bewertungen wieder im Raum stand, nur anders als gedacht. Zunächst war Melina das nicht bewusst. Doch als Finn und Sofie erwachsen wurden und ihre ersten Ausbildungsstellen antraten, zeigte sich, dass sie große Schwierigkeiten mit der Eingliederung in die Betriebe hatten.

Weil sie es nicht gewohnt waren, sich auch einmal kritische Meinungen über ihre Leistungen anzuhören, konnten sie damit auch nicht selbstständig umgehen. Sie empfanden sinnvoll gemeinte Anweisungen als Kritik und viele betriebliche Regeln als Beeinträchtigung ihrer Freiheit. Und jetzt, als Melina nicht mehr da war, um ein gutes Wort für sie einzulegen, standen sie einigermaßen hilflos da. Was dazu führte, dass sie mehrere Ausbildungsstellen nacheinander zügig wieder beendeten.

Mit ihren Beziehungen verhielt es sich ähnlich. Finn und Sofie war es nahezu unmöglich, sich auf jemanden einzulassen, weil schon kleinste Kritik große Abwehr auslöste. Am liebsten waren die beiden zu Hause bei ihrer Mutter. Irgendwann wurde Melina klar, dass es ihr nicht gelungen war, ihre Kinder von dem Leid der Bewertungen fernzuhalten. Stattdessen hatte sie sie darin trainiert, nicht mit Bewertungen umgehen zu können. Und zudem lehnten nun beide Kinder andere Menschen ab, sobald diese eine Meinung äußerten, die nicht der ihren entsprach.
Melina hatte eine bessere Welt erschaffen wollen. Doch nun musste sie erkennen: Nicht die Bewertung ist das Problem. Sondern wie wir gelernt haben, damit umzugehen.

Bewertungen vermeiden zu wollen,
kann zu einem größeren Problem werden,
als es die Bewertungen selbst je waren.

Die verschiedenen Arten von geheimen Markierungen

Eine geheime Markierung ist also ein selbst gesetzter Punkt auf einer Skala von persönlichen Werten zu einem bestimmten Thema.

- Entweder sagt dieser Punkt: »Bis hierhin und nicht weiter.« Dieser Punkt kennzeichnet mein maximales Limit.
- Oder er sagt: »So viel muss sein, sonst ist es nicht gut genug.« Dieser Punkt markiert meine Mindestanforderung.

- Oder er sagt: »Wenn das hier berührt wird, ist es nicht gut.« Dann handelt es sich um einen wunden Punkt.

Die vier folgenden geheimen Markierungen sind immer wieder ein Thema, das die Anziehung des Herzmagneten anders ausrichtet, als der Betreffende es gerne hätte.

Geheime Markierung 1: Idole und Ideale

Das Wort »Idol« stammt aus dem Altgriechischen und heißt so viel wie »Trugbild«. Das Wort »Ideal« bedeutet »Vollkommenheit, die nicht erreicht werden kann«. Ein Idol oder Ideal verändert unsere Sichtweise auf das, was möglich ist. Es setzt irgendwo auf einer Skala aller Möglichkeiten des Universums eine persönliche, als hoch empfundene Markierung, die sehr erstrebenswert erscheint. Ohne weitere Prüfung sagt diese Markierung aber noch nichts darüber aus, ob sie auf unser Leben wirklich positiv einwirkt.

Jemand sehnt sich zum Beispiel nach der Erfüllung bestimmter Beziehungsträume. In seiner Fantasie gibt es diese Erfüllung auch, und es geht ihm nun darum, einen Menschen zu finden, der diese Träume erfüllt. Oder es geht darum, eine bereits vorhandene Person in die Nähe des Ideals zu bringen. Doch so ein Ideal existiert häufig nur in den verborgenen Fantasien seines Erschaffers. Dennoch wird der reale Partner vielleicht daran gemessen. Dadurch entsteht ein Druck, der die Beziehung belastet.

Wenn ein Ideal oder Idol erreichbar ist,
könnte es als motivierende Zugkraft dienen.
Falls es jedoch fast unerreichbar ist,
kann es das innere Leben
und die echten Beziehungen behindern.

Geheime Markierung 2: Unsichtbare Ausschalter

Jemand denkt sich eine Verhaltensweise aus und beschließt: »In dem Moment, in dem er/sie diese Sache macht, ist das für mich ein Zeichen.« Der andere weiß davon nichts, steht jedoch ab sofort unter Beobachtung. Wie in der Geschichte von Matteo und seinem Ultimatum entstehen ungute Situationen, weil die unsichtbare Markierung nie erklärt wurde. Der andere hat keine Chance, ihr Berühren zu vermeiden. Früher oder später wird er es tun, selbst wenn es nur aus einer Unachtsamkeit heraus oder durch puren Zufall geschieht.

Das Ganze gibt dem Erschaffer der Markierung ein Gefühl von Macht und Kontrolle. Schließlich hat er sie erfunden, und das Schicksal des anderen ist nun davon abhängig, wie er sich verhält.

Geheime Markierung 3: Das innere Konto

Das innere Konto ist eine geheime Markierung, bei der gesammelt wird. Immer wenn ganz bestimmte Verhaltensweisen auftauchen, werden sie auf einem Konto als Plus oder Minus verbucht. Oft wird zwar Freundinnen oder

Freunden davon berichtet: »Seit zwei Wochen gibt er sich sehr viel Mühe.« Aber der Betroffene selbst weiß offiziell nichts von der Kontoführung. Er spürt nur den Druck und versucht nun, Pluspunkte zu erwerben. Jeder Pluspunkt erzeugt Wohlwollen und entlastet ihn von früheren Vorwürfen. So lange, bis das Konto wieder ins Minus rutscht und die Vorwürfe erneut auftauchen. Manche Beziehungen funktionieren so ein Leben lang. In anderen ist genau diese Kontoführung der Grund, der eines Tages zur Trennung führt.

Geheime Markierung 4: Die Liefererwartung

Unser Gehirn ist unglaublich anpassungsfähig, und es lernt schnell. Wenn wir heute Lust auf etwas haben, sind wir gewöhnt, es schnell zu bekommen, und sobald wir es haben, entsteht ein kleines Glücksgefühl. Dieser Ablauf wird immer mehr zu einem Normalzustand, und unser Unterbewusstsein entwickelt sich auf vielen Gebieten zu einem Glücksgefühl-Abholer.

Wenn Sie zum Beispiel heute Abend ein Paar Schuhe online bestellen, erleben Sie Glücksgefühl Nummer eins beim Aussuchen. Glücksgefühl Nummer zwei beim Abschicken der Bestellung. Glücksgefühl Nummer drei beim Warten auf morgen, Nummer vier beim Entgegennehmen oder Vorfinden des Pakets, Nummer fünf beim Auspacken und – falls alles passt – das letzte Glücksgefühl beim Blick in den Spiegel. Dann erlischt diese spezielle Glücksgefühl-Kette, und nach einer kurzen Pause wenden Sie sich vielleicht schon der nächsten Idee zu.

Dagegen ist nichts zu sagen, die Welt entwickelt sich mit oder ohne unsere Zustimmung in diese Richtung. Nur dürfen wir darauf achten, was diese Entwicklung mit uns und unseren Beziehungen macht.

Wenn Sie mit einem Beziehungspartner in Kontakt kommen möchten, kann Ihr Unterbewusstsein kaum unterscheiden, ob Sie gerade mit einer Ein-

kaufs-App eine Schuhkollektion durchstöbern oder mit einer Partnersuche-App die Bilder potentieller Partner nach rechts oder links wischen. Die Erwartung, wie der Auswahl-, Anprobier- und Entscheidungsvorgang zum Produkt »Partner« abläuft, hat sich schon ins Unterbewusstsein eingebrannt. Und so erwartet jemand vielleicht beim Ablauf eines Dates ähnliche Geschwindigkeit und Belohnungsgefühle wie beim Einkaufen.
Doch am Ende dieser Bestellkette befindet sich ein Mensch und keine Ware. Kein Dienstleister. Kein Hobby. Kein Spiel. Manchmal lohnt es sich, zu untersuchen, ob einen diese Verwechslung gerade beeinflusst, um sich dann ganz bewusst für die Welt der Menschlichkeit zu entscheiden.

Sebastian und die »Abteilung fünf«

Vor zwei Jahren feierte Sebastian seinen fünfzigsten Geburtstag. Auch wenn viele seiner Freunde ihn hochleben ließen und er sich Mühe gab, niemanden zu enttäuschen, war es tief in ihm nicht schön.
Mit zwanzig hatte er so viele Ideen gehabt, wie sein Leben mit fünfzig aussehen sollte. Nicht alles davon war auch so eingetroffen. Immerhin war Sebastian beruflich gut »eingerastet«, wie er es nannte. Als Personalleiter eines Dienstleistungsunternehmens war sein Job abwechslungsreich, gut bezahlt und ausreichend sicher. Sebastian hatte ein Haus mit einem Garten, der an einen Wald angrenzte, einen modernen Wagen, einen Oldtimer und zwei Motorräder. Nur eines hatte er nicht: eine Frau an seiner Seite.
Als er vor dem Eintreffen seiner Freunde auf die von einem Partyservice gelieferten Köstlichkeiten auf dem Terrassentisch blickte, fragte er sich wieder einmal,

warum er allein lebte. Gut, er hatte immer wieder kurze Beziehungen gehabt. Einmal war sogar eine Frau probeweise bei ihm eingezogen. Doch länger als ein Jahr hatte auch das nicht gehalten.

»Genau genommen liegt es vielleicht zum Teil auch an mir«, sagte Sebastian, nachdem sein ältester Freund Leon angekommen war und ihm für das kommende Lebensjahr die große Liebe wünschte. »Es war einfach noch nicht die Richtige dabei. In meinen Augen, natürlich.«

»Was wäre denn richtig in deinen Augen?«, fragte Leon.

»Sie sollte gerne Motorradtouren mögen. Vielleicht auch alte Autos oder zumindest Ausfahrten damit. Gut wäre, wenn sie gerne bergwandert. Und wenn sie Konzerte und Ausstellungen mag. Das alles mache ich einfach sehr gerne, und deshalb ist es mir wichtig. Ich kann mir nicht vorstellen, mit einer Frau auf Dauer glücklich zu sein, die keine Konzerte mag.« Er sah seinen Freund an. »Und sie sollte nicht dürr sein. Aber auch nicht füllig. Und sie sollte Kinder haben wollen. Ich glaube, dass ich damit nicht zu viel verlange. Oder was denkst du?«

»Ich denke, dass vielleicht nicht deine Vorstellungen selbst das Problem sind, sondern das, was du mit ihnen anstellst.«

»Wie meinst du das?«, fragte Sebastian.

»Du bist doch Personalleiter, und so, wie du gerade redest, suchst du Bewerberinnen für den Job an deiner Seite aus«, sagte Leon.

Sebastian dachte einen Moment nach.

»Meinst du wirklich?«, fragte er dann.

»Vielleicht führst du deinen Beruf im Privaten zu gut weiter«, sagte Leon und nickte.

»Ich dachte, es wäre ein Zeichen von Klarheit, wenn man mit Fünfzig weiß, was man will. Außerdem verlange ich ja nicht nur«, er deutete auf Haus und Garten. »Ich habe auch etwas zu bieten.«

»Das ist ja alles in Ordnung«, sagte Leon. »Aber wenn du die Frauen an so konkreten Anforderungen misst, versetzt du sie in die Position von Bewerberinnen. Als Liebesmagnet würde ich das nicht gerade bezeichnen.«

»Mist!«, sagte Sebastian. »Wie konnte ich das nur übersehen. Da habe ich Psychologie studiert und kann Menschen in Sekunden beurteilen. Und dann mache ich das im Privatbereich genauso.«

Er ließ seinen Blick über den Garten schweifen.

»Und jetzt?«, fragte er.

»Hörst du damit auf«, sagte Leon. »Das ist doch ein guter Vorsatz für die Fünfziger.«

Ab dem Moment dieser Erkenntnis veränderte sich Sebastians Beziehungsleben deutlich. Er begegnete Frauen viel erwartungsfreier als zuvor.

Seine heutige Partnerin teilt zwar nicht seine Leidenschaft für Motorräder und Konzerte. Aber sie liebt Sebastian, und er liebt sie, und gemeinsam bauen sie sich eine Welt mit ganz neuen Interessen auf, die nur ihnen beiden gehört.

Warum wir andere bewerten, obwohl wir es nicht wollen

Jeder, der selbst schon einmal an einer geheimen Markierung gemessen wurde, fühlte sich dabei benutzt, nicht gesehen, missachtet und vielleicht sogar fehlerhaft. Möglicherweise verachtet man den anderen später dafür, dass er nicht aufrichtig war. Warum tun wir so etwas bewusst oder unbewusst dennoch? Obwohl wir wissen, dass es nicht fair, nicht gut und nicht zielführend ist?

Der – unglückliche – innere Nutzen von geheimen Markierungen

Unser Unterbewusstsein macht nichts, ohne dabei Vorteile zu haben – selbst wenn es dem äußeren Anschein nach widersinnig und nachteilig ist. Auch die letztlich zerstörerisch wirkenden geheimen Markierungen bieten eine Reihe von Vorteilen.

- Schutz: Wer die Entscheidung über den nächsten Schritt von einer Markierung abhängig macht, schiebt die Verantwortung dem anderen zu.
- Schuldfreiheit: Falls etwas nicht klappt, liegt die Schuld beim anderen und der Markierung.
- Kontrolle: Jemanden zu messen, gibt einem das Gefühl, man hätte die Situation im Griff. Es gibt scheinbar klare Wege, Ereignisse und Folgen.
- Glück: Eine geheime Markierung zu haben, kann sogar Glücksgefühle auslösen, weil es – wie jedes Geheimnis – das Gefühl vermittelt, etwas Besonderes zu sein.
- Macht: Der Erschaffer der Markierung erlebt das Gefühl einer gewissen Macht über den anderen.
- Hoffnung: Hohe Anforderungen auf einer Skala erzeugen das schöne Gefühl, es gäbe in der Zukunft noch etwas Besseres oder jemand Besseren. So verliert das Jetzt an Bedeutung.
- Angst vor Nähe: Den nicht erfüllten Anforderungen kann man gut die Verantwortung dafür zuschieben, dass alles in einem gewissen Abstand bleibt.

Der magische Moment, in dem sich eine geheime Markierung zeigt

Wenn geheime Markierungen aktiv sind, dreht sich alles immer irgendwie um Anforderung und Erfüllungsgrad.

- Sie bekommen immer wieder Bemerkungen über andere Personen zu hören, bei denen dies oder das besser funktioniert.
- Vieles in der Beziehung fokussiert sich immer mehr auf ein Zentralproblem. Als gäbe es nichts Wichtigeres.
- Sie – oder Ihr Partner – werden ungehalten und fühlen Bewertung im Raum.
- Sie stellen fest, dass Ihr eigener Verstand immer deutlicher Ablehnungen erschafft. Bei genauerem Hinsehen sagen Sie sich, dass dies nicht fair ist.
- Alles dreht sich ständig darum, ob etwas zu erreichen ist, erreicht wurde oder ob Druck gemacht wird, um etwas zu erreichen.
- Jemand sagt: »Ich hatte mir das anfangs alles ganz anders vorgestellt.« Oder: »Früher warst du noch anders.«
- Der andere ist übermäßig freundlich, sie fühlen aber eine Unwahrheit dahinter. Die gespielte Freundlichkeit soll den messenden Blick auf Sie übertönen.
- Sie fangen an, Dinge zu tun, um dem anderen unaufgefordert zu beweisen, wie gut Sie hierin oder darin sind.
- Der andere sagt auffällig oft, dass er nicht bewerten würde. Das ist ein Hinweis darauf, dass sein Kopf ständig bewertet und er nicht möchte, dass dies bemerkt wird.

Bernadettes Blumenquote

Bernadette ist seit vierzehn Jahren mit Julio verheiratet. Von Anfang an liebte sie seine charmante südländische Art, mit Frauen umzugehen. Dazu gehörten auch immer wieder unerwartete Überraschungen, Aufmerksamkeiten, Einladungen oder Geschenke.

Julio brachte seine Tochter Chiara mit in die Ehe ein, und zwei Jahre nach der Heirat kam mit Elena auch ein eigenes Kind des Paares ins Haus. Auch nach der Geburt von Elena leitete Julio weiterhin ein kleines Hotel. Bernadette hingegen kümmerte sich die ersten Jahre vor allem um die Kinder. Alles in allem konnte sie mit ihrem Leben zufrieden sein.

Doch obwohl sie das wusste, durchfluteten sie immer wieder Wellen von Unzufriedenheit und Frustration. Bernadettes Überlegungen ergaben, dass dies oft mit Julio zu tun hatte. Von den Dingen, die sie zu Beginn so an ihm geliebt hatte, tat er heute kaum noch etwas.

»Früher hat er ständig an mich gedacht«, sagte sie eines Sonntags beim Familienessen zu ihrer Mutter. »Und er hat mir wirklich oft Blumen mitgebracht. Das macht er heute nicht mehr.«

»Das stimmt nicht«, sagte Julio, der mit am Tisch saß. »Ich liebe dich.«

»Kinder streitet euch nicht. Es geht doch allen gut«, sagte Bernadettes Mutter.

»Ich streite ja nicht«, sagte Bernadette. »Ich bin nur traurig.«

»Aber warum?«, fragte Julio. »Ich liebe dich und nur dich. Für mich hat sich nichts geändert.«

»Für mich aber schon. Früher hast du mich oft überrascht. Zum Beispiel eben, indem du mir Blumen mitgebracht hast.«

»Letzten Dienstag habe ich Blumen mit nach Hause gebracht«, sagte Julio

etwas kraftlos. Er kannte diese Diskussionen seit einiger Zeit und wusste nicht, was er tun sollte, um aus den Vorwürfen herauszukommen.

»Ja, okay, letzten Dienstag«, sagte Bernadette. »Aber das war eine Ausnahme, und sie waren von der Tankstelle.«

»Nach meiner Arbeit hat nur noch die Tankstelle offen«, sagte Julio. »Und außerdem stehen hier welche auf dem Tisch. Die habe ich ebenfalls besorgt.«

»Ja, für meine Mutter«, sagte Bernadette. »Aber es ist schon in Ordnung.«

»Es ist nicht in Ordnung, und ich weiß nicht, was ich falsch mache«, sagte Julio.

»Gar nichts«, sagte Bernadette. »Ich bin einfach nur manchmal frustriert.«

»Du misst deinen Mann an seinen Geschenken«, sagte Bernadettes Mutter unvermittelt. »Er weiß nicht, was er machen soll, damit er dein Maß erfüllt. Das macht dich traurig und ihn ebenfalls. Kinder, hört doch auf damit.«

Bernadette war über die Bemerkung ihrer Mutter schockiert.

»Das stimmt nicht«, sagte sie und wendete sich ihrem Mann zu. »Ich liebe dich doch. Aber mir fehlt ein wenig der Julio von früher.«

»Den Fehler mit den stummen Erwartungen habe ich schon hinter mich gebracht«, sagte Bernadettes Mutter. »Das musst du nicht wiederholen. Du weißt, was aus der Ehe zwischen deinem Vater und mir geworden ist.«

»Genau deshalb sage ich es ja nun«, sagte Bernadette. »Aber was soll ich machen, wenn ich doch immer wieder so unzufrieden bin?«

»Deine Erwartung zu hören, macht mich auch nicht fröhlicher, als wenn du eine Erwartung hast und sie geheim hältst«, sagte Julio. »Es bleibt beides immer eine Erwartung. So macht mir Blumenschenken überhaupt keinen Spaß mehr.«

»Bernadette, meine liebe Tochter«, sagte Bernadettes Mutter. »Auf was immer du so still wartest und dabei leidest, tue es ganz einfach selbst. Dann ist es da, und du musst deinem Mann keinen heimlichen Vorwurf machen.« Sie nahm das Besteck zur Hand. »Und nun lasst es euch schmecken.«

Die Befreiung Ihres Herzmagneten von der Wirkung geheimer Markierungen

Die Zielerwartung von der Beziehungs-Skala löschen
Ziele und Wünsche im Leben zu haben, ist generell wichtig und zunächst auch kein Problem. Zum Problem wird es nur, wenn es einen Menschen betrifft und er auf einer Art Skala markiert wird. Da man bei solchen Messungen fast immer einen Mangel findet, kann diese Methode unschöne Gefühle erschaffen, die zudem über den Herzmagneten auch zum anderen fließen. Besser ist es, ein störendes Thema gemeinsam und offen zu untersuchen und nach Verbesserungen in machbaren Schritten zu suchen.

Den Geheimnissen ihre ungute Wirkung nehmen
Mit geheim gehaltenen Zielen und Wünschen werden Sie schwer greifbar. Der andere ist irritiert, und es entsteht ein Abstand zwischen Ihnen. Wenn Sie hingegen im richtigen Moment das Richtige preisgeben, erschaffen Sie Nähe. Ein Geheimnis zu offenbaren, ist identisch damit, sein Herz zu öffnen. Und über Ihr Herz wiederum entsteht die zwischenmenschliche Verbundenheit, nach der Sie sich sehnen.

Die »Man sollte nicht bewerten«-Falle beachten
Jedes Thema, auf das Sie ganz besonderen Wert legen, erhält verstärkt Ihre Aufmerksamkeit und Energie. Vielleicht gehen Ihnen diese Fragen ständig durch den Kopf: Findet hier Bewertung statt oder nicht? Falls ja, wie stark ist die Bewertung? Muss ich mich wehren? Je mehr Sie sich bemühen, die Bewertungen anderer oder bei sich selbst zu beobachten, umso eher erschaffen Sie eine neue geheime Markierung: die Bewertung, ob hier Bewertung stattfindet.

Die Befreiung liegt darin, gegen das Thema weder anzukämpfen, noch es selbst zu betreiben, damit es ganz einfach in Ihnen erlischt. Sagen Sie sich: »Die ganzen Markierungen sind mir egal, ich richte mich auf einen guten Weg aus. Und ich mag/liebe dich.«

Geheime Markierungen: Grund und Sinn

Grund

- Der wichtigste Grund, warum fast alle Menschen bewusst oder unterbewusst mit geheimen Markierungen arbeiten, liegt in unserer Geschichte der Menschwerdung. Die Methode hilft uns, in Sekunden wichtige Entscheidungen über Freund und Feind, über »gut« und »nicht gut« zu treffen. Es ist also kein persönlicher Fehler, sondern ein normaler Vorgang.

Sinn

- Ein Sinn besteht darin, zu erkennen, dass diese Markierungen nicht die Wahrheit über das Leben sind. Und oft noch nicht einmal absichtlich und selbst gewählt.
- Ein weiterer Sinn ist die Erkenntnis, dass das Liebesleben oft genau gegenteiligen Erfolgsgesetzen unterliegt wie der gesamte Rest unseres Lebens. Es geht darum zu lernen, bewusst zwischen diesen Welten zu wechseln.
- Der tiefe Sinn von geheimen Markierungen liegt darin, den Weg zu einer Liebe zu finden, die nichts misst. Sowohl für sich selbst als auch für nahestehende Menschen.

Erlebtes Wissen zum dritten Geheimnis

- Beobachten Sie an sich selbst, was Sie glücklich macht. Was muss eintreten? Was geschieht, falls das Leben unter Ihrer Markierung bleibt?
- Beobachten Sie, ob etwas irgendwo schon länger unerlöst ist und Sie belastet. Und nun stellen Sie sich für einen Moment vor, es gäbe nichts, auf das es hinauslaufen muss. Wie ginge es Ihnen, wenn keinerlei Vorgaben erreicht werden müssten?
- Falls Sie es nicht ohnehin schon tun, beobachten Sie, was sich verändert, wenn Sie jemandem zeigen, dass er nichts für Sie tun muss. Dass keinerlei Zwang zu etwas besteht und dennoch alles gut ist.

Wie Sie Ihren Magneten neu ausrichten

- Löschen Sie in Partnerschaften möglichst alle inneren Konten. Wenden Sie sich stattdessen Beobachtungen zu, die Sie glücklich machen.
- Verschenken Sie Ihre Markierungen an den Himmel, und lassen Sie sich darauf ein, zu erleben, was geschieht, wenn Sie zu einem Thema gar keine haben und dennoch weiter in Kontakt bleiben.
- Verändern Sie Ihre dennoch verbliebenen Markierungen. Legen Sie die Latte tiefer oder ganz woanders hin. Probieren Sie aus, was geschieht, wenn Sie Ihre Markierungen für Glück und Liebe an etwas anderem festmachen als bisher.
- Warten Sie nicht auf das Eintreten eines als wichtig markierten Ereignisses in der Zukunft. Weder im Guten noch im Schlechten. Sonst warten Sie, und das ist keine ideale Ausstrahlung.

Das vierte Geheimnis

Die Hüter der Schwelle

Sobald Sie einen Entschluss gefasst haben,
beginnen Gegenkräfte mit ihrer Arbeit.

Sie prüfen Ihre Bereitschaft im Herzen.
Um Ihnen anschließend die Tür zu öffnen.

Manchmal machen Sie alles nach besten Kräften – aus ganzem Herzen und mit all Ihren Fähigkeiten – richtig und gut. Und dennoch kommen Sie dem ersehnten Zustand nicht näher. Als gäbe es eine Kraft, die Sie einfach nicht aus dem Raum herauslässt, in dem Sie sich gerade befinden. Als würde Ihnen der Eintritt in Ihr neues Leben noch verwehrt.

Gleichzeitig wissen Sie, dass Sie nicht im jetzigen Zustand bleiben sollen, dass es weitergehen muss und wird. Sie fühlen deutlich, dass es sich nur noch um ein einziges Ding oder um zwei Dinge handeln kann, bis die Tür aufgeht und jemand oder etwas Ihnen endlich den Weg freigibt. Falls es sich so oder so ähnlich anfühlt, erleben Sie die Kraft einer Schwelle und ihres Hüters.

Was ist ein Hüter der Schwelle?

Ein Hüter der Schwelle ist ein Widerstand auf Ihrem Lebensweg oder in einer Beziehung, der Ihnen das Gefühl vermittelt, etwas Bestimmtes noch nicht ganz verstanden zu haben oder noch tun zu müssen, damit es endlich weitergeht. Wie Sie vielleicht schon erlebt haben, sind nicht alle Wege zu Zielen mit solchen Schwellen versehen, doch manche eben schon. Einfach gesagt, können Sie die Ziele in Ihrem Leben in drei Gruppen einteilen.

- Die Ersten kommen früher oder später von selbst. Das sind die leichtesten.
- Die Zweiten kommen, wenn man etwas dafür tut, was jeder weiß. Das sind die normalen.
- Die Dritten kommen, wenn man etwas ganz Bestimmtes einsetzt oder etwas anderes aufgibt. Das sind oft die am meisten ersehnten Ziele. Und manchmal gleichzeitig die schwierigsten.

Der Punkt Ihres Weges, an dem Sie nicht weiterkommen, weil Sie vor der Frage stehen, was Sie einsetzen oder was Sie aufgeben sollen, ist tatsächlich wie eine spürbare Schwelle. Und jene Kraft oder Situation, die Ihnen die Frage stellt, ist der Hüter der Schwelle.

Susans Angst, das Gesicht zu verlieren

Susan wurde vor vierundfünfzig Jahren in einem kleinen Dorf an der Grenze zu Holland geboren. Dort lebt sie auch heute noch. Von klein an kennt sie jeden Weg, jedes Haus, jedes Geschäft. Nach der Grundschule besuchte Susan das Gymnasium im Nachbarort und studierte anschießend für das Grundschul-Lehramt. Während dieser Zeit lernte sie Theo kennen und lieben. Nach ihren Abschlüssen zogen die beiden in ein Haus in Susans Heimatdorf und arbeiteten als Lehrer in der dortigen Grundschule. Bald darauf kam die gemeinsame Tochter Annabel zur Welt. Susan hatte alles erreicht, was sie sich je erträumt hatte. Sie war eine engagierte, gute Lehrerin, die von Schülern und Eltern gleichermaßen respektiert und gemocht wurde. Zusammen mit Theo wurde ihre Familie von den Menschen in der Umgebung als vorbildhaft angesehen.

Zwei Wochen, nachdem Susans Tochter Annabel vier kleine, rosa Geburtstagskerzen auf ihrem Kuchen ausgeblasen hatte, kam ihr Vater Theo bei einem Autounfall ums Leben. Susan kümmerte sich fortan allein um ihre Tochter und konzentrierte sich noch mehr auf die Arbeit in der Schule.

Acht Jahre später wurde ihr die Position der Rektorin angeboten. Susan nahm an. Auch wenn sie Theo verloren hatte, blieben ihr noch viele gute Dinge im Leben. Vor allem ihre geliebte Tochter und die besondere Aufgabe in der Öffentlichkeit ihres Wohnortes. Nur ein neuer Mann kam nicht. Einerseits sehnte sich Susan danach, das Gefühl einer vollständigen Familie zu erleben. Andererseits gab es eine aus ihrer Sicht unüberwindliche Hürde für eine Beziehung.

In Susans ländlicher Welt kannte jeder jeden, und sie war eine Person des öffentlichen Lebens. Ohne jedes Mal den Landkreis zu verlassen, war es ihr nahezu unmöglich, unbeobachtet einen Mann zu treffen. Aber einen Mann von zu Hause fernzuhalten, machte keinen Sinn, denn er sollte ja auch ihre Tochter und das Haus kennenlernen können.

Erschwerend kam noch die Vorstellung hinzu, wie die Leute im Ort sie sehen würden, falls Susan eine oder zwei Männerbekanntschaften in Folge hätte, ohne dass daraus eine feste Beziehung entstünde.

Als eines Abends das Gespräch mit einer Freundin auf ihre Männersituation kam, traute sich Susan zum ersten Mal in ihrem Leben, die Wahrheit auszusprechen.

»Es ist mir innerlich unmöglich, mit einem Mann auszugehen, der aus unserer Umgebung kommt«, sagte sie. »Wenn man uns zusammen sieht, wird geredet. Falls nichts daraus wird, wird noch mehr geredet. Alle werden es wissen. Die Schüler, die anderen Lehrer, die Eltern, bis hinein in alle Nachbardörfer. Selbst, wenn ich heute mit Annabel Essen gehe, fahre ich in den übernächsten Ort, weil dann die Chance sinkt, dass jemand im Restaurant sitzt, der mich kennt. Dieser ganze Stress der Menschen, mit dem ich konfrontiert wäre, wenn ich einen oder gar mehrere Männer in Folge daten würde, ist mir zu viel.«

Mit dieser Angst lebte Susan bis vor einem Jahr noch immer allein. Ihre inzwischen erwachsene Annabel wohnt mit ihrem Freund in einer größeren Stadt. Susans Leben funktioniert praktisch gesehen gut, doch bis vor kurzem hatte sie den Hüter ihrer Schwelle noch nicht passiert. Sie weiß, dass sie das entscheidende »Ja« zu dem Risiko geben muss, dass über sie und ihr Beziehungsleben in der Öffentlichkeit gesprochen wird.

Als würde der Hüter der Schwelle Susan auf diesem Weg ermutigen, kam mit Erwin ein alleinerziehender Vater in ihr Leben, der sich in einer ganz ähnlichen Situation wie Susan befindet. Die zwei verbringen inzwischen regelmäßig Zeit miteinander. Sie unterhalten sich oft über ihre Situationen, Erschwernisse und Hürden, und Stück für Stück kommen sie sich dabei näher.

Susans Hüter der Schwelle

Man könnte denken, es wäre in der heutigen Zeit kein gesellschaftliches Problem, als alleinstehende Frau Männer zu daten. Doch wenn man sich intensiver in Susans Situation versetzt, wenn man ihr ganzes Leben mit ihrer Position, Aufgabe und Bekanntheit betrachtet, so kann man ihren inneren Konflikt und Druck ein wenig nachvollziehen. Susan ersehnt sich einen neuen Mann im Leben. Die Schwelle, die sie hierfür überschreiten müsste, ist das Akzeptieren der möglichen Folgen einer öffentlich sichtbaren Suche nach einem Partner.

Der Hüter der Schwelle verlangt von Susan also, dass ihr bestimmte Dinge gleichgültig werden, die ihr im Moment noch nicht gleichgültig sind. Das ist der Preis für ein neues Beziehungsleben.

Die Gedanken anderer im Griff halten zu wollen,
kann ein großer Hüter der Schwelle
für die eigentlich richtigen
Entscheidungen sein.

Der Autor und die Gedanken der anderen

Einer der erfolgreichsten Fantasie-Autoren unserer Zeit postete seinen Fans zuliebe auch immer wieder Fotos, die ihn in privaten Umgebungen zeigten. Darunter ein Bild, auf dem zu sehen ist, wie er eine Art Chips isst, die er besonders gerne mag.
Daraufhin erreichten ihn unzählige Mails mit teilweise sehr unhöflichen Vorwürfen, er möge angesichts seiner ohnehin vorhandenen Beleibtheit besser auf seine Gesundheit achten, weil er sonst möglicherweise die Serie seiner beliebten Bücher nicht zu Ende bringen könnte.
Der Autor beschloss daraufhin, keine privaten Bilder und Informationen mehr ins Netz zu stellen. In einem Interview sagte er: »Ich habe festgestellt, dass ich nicht kontrollieren kann, was die Menschen denken, und deshalb beschlossen, mich wieder ganz auf das zu konzentrieren, was ich kontrollieren kann: die Geschichten in meinen Büchern.«

Was bewirkt ein Hüter der Schwelle?

Vielleicht haben Sie ein längeres Nicht-Vorankommen schon einmal als eine Art Strafe empfunden oder sich gefragt, ob Sie einen Fehler gemacht haben. Als würde das Leben Sie trotz aller aufrichtigen Bemühungen einfach nicht belohnen wollen.
Würden Sie es so betrachten, könnte eine gehütete Schwelle bewirken, dass Sie sich schlecht fühlen. Was vielleicht andere Menschen anzieht, die vor einer ähnlichen Schwelle stehen, ebenfalls keine Lösung haben und sich deshalb auch schlecht fühlen.

Wenn Sie jedoch Ihre Wahlfreiheit nutzen und einen anderen Blickwinkel einnehmen, erkennen Sie, welche letztlich guten Dinge die meisten Schwellen für Ihr Leben bewirken.

- Sie stellen sich Fragen, die Sie sich nie gestellt hätten.
- Sie finden Antworten, die Sie sonst nie gesucht hätten.
- Sie überlegen sich Möglichkeiten, über die Sie nie nachgedacht hätten.
- Sie lassen Sichtweisen los, die Sie nie hergeben wollten.
- Sie erlernen Fähigkeiten, die Sie sonst nie erworben hätten.
- Sie setzen sich mit bestimmten Gefühlen auseinander, und das kann ein Heilungsweg sein.
- Sie erkennen Anteile, Potenziale, Fähigkeiten und auch Verbesserungsmöglichkeiten an sich selbst, die Ihnen sonst nie bewusst geworden wären.

All das gehört zu dem Zustand, den man Wachstum nennt. Die Schwellen und ihre Hüter haben also die Aufgabe, uns wachsen zu lassen.

Alte Zustände werden
von alten Handlungen am Leben gehalten.
Normale Dinge werden von normalem Verhalten erreicht.
Und besondere Dinge werden erreicht,
wenn man die Schwelle überschreitet,
das Alte und das Normale hinter sich zu lassen.

Wie funktioniert ein Hüter der Schwelle?

Angenommen die Entwicklung einer Beziehung fühlt sich irgendwie nach Stillstand oder nach Rückschritten an. Das muss nicht sofort bedeuten, dass die Beziehung nicht gut wäre oder Sie sich nach einem anderen Partner umsehen müssten. Stillstands- oder Rückschrittsgefühle entstehen auch, wenn beide Partner (oder einer von beiden) vor einer Schwelle stehen. Ein nächster Schritt ist nötig, aber man kennt ihn nicht oder man möchte ihn nicht.
Eine solche Schwelle kann zum Beispiel ein volles Bekenntnis zum anderen sein. Will einer es nicht geben, so bleibt die ganze Beziehung vor der Bekenntnis-Schwelle stecken. So wie jede weitere Beziehung, die noch folgen wird, immer vor der Schwelle des Bekenntnisses stehenbleiben würde. So lange, bis man sich zu der Beziehung bekennt.
Ein wiederkehrender Hüter der Schwelle in Ihrem Leben könnte also sein: die Angst, ein wirkliches Bekenntnis abzugeben.

*Schwellenzögerer ziehen Schwellenzögerer an.
Wenn ein Beziehungsthema sich wiederholt,
liegt es manchmal nicht am falschen Partner,
sondern an einer fehlenden Bereitschaft,
die Welt hinter der Schwelle wirklich zu wollen.*

Vielleicht ist nicht die Person das Thema

Viele Menschen zögern vor einem Bekenntnis, weil sie nicht sicher sind, ob er/sie wirklich der/die Richtige ist. Also warten sie darauf, dass vielleicht ein Wunder eintritt und dieses sichere Gefühl mit sich bringt. Wenn dies über längere Zeit hinweg nicht geschieht, geht es vielleicht gar nicht um eine konkrete Person, sondern um das Thema »Bekenntnisse und ihre Folgen« insgesamt. Falls Sie das so ähnlich erleben oder von früher kennen, könnten Sie sich folgende Dinge in Erinnerung rufen:

- Solange Sie warten, dass Ihnen ein Beziehungs- oder Liebes-Wunder die Sicherheit gibt, sich bekennen zu können, sind Sie logischerweise im Abwarte-Modus. Das zieht tendenziell Menschen an, die ebenfalls darauf warten.
- Solange Sie warten, ob eine externe Kraft Ihnen Ihre Entscheidung abnimmt, geben Sie Ihre eigene Kraft für Entscheidungen fort. In Wahrheit entscheiden aber Sie immer selbst, wie weit Sie sich zum anderen bekennen.
- Sie können nie absolut sicher wissen ob er/sie der/die Richtige ist. Das Leben verändert sich. Manchmal unerwartet und schnell. Und aus einem zuvor Richtigen wird plötzlich ein »Unrichtiger«. Also warten Sie nicht allzu lange vor dieser Schwelle.
- Von einem Beziehungspartner euphorisch »hin und weg« zu sein, muss nicht automatisch bedeuten, dass diese Person auch der/die Richtige für eine gute Zukunft ist. Viele Beziehungen, die so beginnen, enden schneller als erwartet. Und viele Beziehungen, die relativ unspektakulär beginnen, halten sehr lange.

Den Hüter der Schwelle beim Thema »Einlassen« überwinden

Falls es beim Einlassen nicht um die Person ginge, sondern um das Einlassen an sich, wäre eine klare Aussage gegenüber dem Hüter der Schwelle: »Ich liebe die Welt, die sich hinter meinem Bekenntnis zum anderen öffnet. Ich will diese Welt, ich will das Leben, das sie mir bringt. Ich bin vollkommen bereit, mich zu einem Partner zu bekennen.«

Häufig kommt hier der Einwand: »Aber wie soll ich das ehrlich tun, wenn der andere eben nicht der Richtige ist?« Doch darum geht es bei einem Hüter der Schwelle nicht. Bei näherem Hinsehen liegt die Schwelle nicht in dieser oder jener Person, sondern in einer grundsätzlichen Angst davor, sich zu bekennen. Vielleicht weil man damit schon einmal eine schmerzhafte Erfahrung erlebt hat. Dann wäre die Frage des Hüters: »Bist du bereit, die Vergangenheit mitsamt allen Erfahrungen in der Vergangenheit zu belassen, und bist du generell bereit, dich neu einzulassen?« Und Sie würden antworten: »Ja.« Ohne weitere Bedingungen an die Art der Personen zu knüpfen.

Falls Sie sich noch nicht ganz sicher sind:
Geben Sie Ihr Bekenntnis zum Einlassen
nicht der anderen Person,
sondern dem Hüter der Schwelle.

Einige Hüter der Schwelle, denen Sie sehr wahrscheinlich im Leben begegnen werden

Die von Ihnen erlebte, geahnte oder gefühlte Kraft, die einer Beziehung oder Ihrem Lebensweg Widerstände entgegensetzt, kann verschiedene Formen annehmen.

Eine Person als Widerstand: »Er/Sie ist gerade mein zu überwindender Hüter der Schwelle.«

Menschen können Ihnen den Weg erschweren oder gar Ihr Weiterkommen verhindern wollen. Dann hätten Sie eine Schwelle in Form einer Person zu überwinden. Sie werden das mit einer ganz bestimmten Handlung oder einem Loslassen oder einem Preis, den Sie zahlen müssen, schaffen. Die Frage vom Hüter der Schwelle würde dann zum Beispiel lauten: »Bist du bereit, voll und ganz nur auf dich zu hören? Mit den dazu gehörigen Folgen? Das zeigt mir deinen Einsatz.«

Ein äußerer Widerstand: »Diese Umstände sind das Nadelöhr, durch das ich einfach durch muss.«

Abgesehen von Personen gibt es äußere Umstände, die Ihnen ein Weiterkommen verwehren. Die notwendigen Ressourcen sind einfach nicht da. Vielleicht gibt es im Moment zu wenig Geld oder Zeit oder Kraft. Aber eben nur im Moment. Das weist darauf hin, dass Sie sich in Geduld üben dürfen, ohne dabei die Motivation für Ihren Weg aufzugeben. Der Hüter der Schwelle könnte Sie also gerade fragen: »Bist du bereit zu warten für das, was du willst? Und trotzdem weiterzumachen? Das zeigt mir, wie sehr du es willst.«

Ein innerer Widerstand: »Ich weiß genau, dass ich mich selbst überwinden muss, dann geht es weiter.«

Eine Schwelle kann auch nur in Ihnen selbst existieren. In Ihrem Inneren befindet sich der Widerstand, und in Ihnen liegt gleichzeitig der Lösungsweg. Der Hüter der Schwelle würde hier vielleicht fragen: »Bist du bereit, den Schritt über den Rand deiner bisherigen Welt zu gehen? Auch wenn ich dir nicht sage, was kommen wird?«

Ein Hüter der Schwelle
möchte immer nur drei Dinge von Ihnen:
Ein Bekenntnis.
Einen Verzicht oder Preis.
Eine Handlung.
Wenn die drei zusammenpassen, lässt er Sie durch.

Die ungeliebte Veränderung

Obwohl sich viele Menschen nach einer möglichst grenzenlos guten Partnerschaft sehnen, ist die Bereitschaft, dafür das eigene Leben zu verändern, oft begrenzt. Doch ohne eine Veränderung vom »Ich« zum »Wir« finden zwei Menschen keinen dauerhaften, stabilen und sicheren Platz nebeneinander. Der Hüter der Schwelle würde Sie also fragen: »Wie sehr wärest du bereit, dein Leben zu verändern?«

Ihr Herzmagnet zieht sehr wahrscheinlich Menschen mit einer Ihnen ähnlichen Bereitschaft für Veränderung an.

Die Verzögerungs-Verlockung

Ein Zusammenhang, der sich wieder und wieder beweist, besagt: Wenn man eine gute Idee hat, beginnt eine Art Uhr zu laufen. Die Idee ist wie ein Funke, der Ihnen geschickt wurde, um ein Feuer zu entfachen. Wenn Sie warten, ob der Funke es ohne Ihr Zutun schafft, am Leben zu bleiben, ist er nach spätestens 72 Stunden weitgehend verglüht.

Einen Impuls oder eine angebotene Chance immer wieder zu spät oder gar nicht aufzugreifen, könnte also ein sich wiederholender Hüter der Schwelle sein.

Der ungeliebte Preis

Niemand liebt es zu hören, dass man für etwas »einen Preis zahlen« muss, weil sich das ernüchternd oder materiell oder gar bestrafend anhört. Es klingt einfach nicht nach einem wunscherfüllenden Universum der Liebe, und gerade wenn es um uns und unsere Beziehungen geht, möchten wir die Liebe erleben.

Aber sogar die Liebe fordert gelegentlich einen Preis. Weil unsere Welt ebenso wenig nur aus Nehmen bestehen kann, wie sie nur aus Geben bestehen kann. Alles kommt irgendwoher und geht irgendwohin. Und dabei verlässt es seinen alten Platz. Den alten Platz loszulassen, ist der Preis für die Bewegung.

Falls Sie also an einer gefühlten Schwelle feststecken, stellen Sie innerlich einen Moment auf »sachlich« um und fragen Sie sich: Welchen Preis wollte ich bislang nicht einbringen? Dabei könnten Sie die Lösung entdecken. Was nicht bedeutet, dass Sie sie sofort umsetzen müssen. Aber immerhin wissen Sie nun, warum die Situation so ist und wie Ihr Ausweg aussehen würde. Wann immer Sie dazu bereit sind.

Der Schmerz des Hinsehens

Wenn jemand schmerzhafte Dinge erlebt hat und irgendwann endlich seinen Weg gefunden hat, um damit klarzukommen, könnte ein erneutes Hinsehen diesen Halt zerbrechen und das ganze Leid wieder hervorholen.

Der Hüter der Schwelle würde in diesem Fall also fragen: »Bist du bereit, das Thema noch einmal anzusehen, damit ich dir einen neuen Weg öffne?«

Über diese sehr persönliche Entscheidung kann niemand sonst ein Urteil abgeben. Liebe bedeutet hier, den Weg des anderen zu verstehen und zu respektieren.

Das fehlende Veränderungswissen

Sich Wissen zu beschaffen, scheint heute leicht zu sein. Aber in Wahrheit ist es nur leicht, sich »Informationen« zu beschaffen. »Wissen« bedeutet: Sie haben Informationen so gut zusammengetragen, ausgewählt, geprüft, verstanden und auf Ihre persönliche Weise kombiniert, dass es zu einer Gewissheit geworden ist, nach der Sie Ihr Leben ausrichten können.

Echtes Wissen gibt Ihnen Vertrauen und Kraft für einen Schritt, den Sie ohne dieses Vertrauen nicht machen würden.

Eine unsichtbare Schwelle kann darin bestehen, dass ein Mensch immer wieder wegsieht, sobald es um derartiges Veränderungswissen für sein Leben geht. Der Hüter der Schwelle fordert jedoch, dass er hinsieht, sonst geht es nicht weiter.
Warum verschließen sich manche Menschen dem manchmal? Ein Grund kann sein, dass die Zeit noch nicht reif ist. Weil im Moment noch Dinge im Wegabschnitt zwei zu Ende erlebt werden müssen und das Veränderungswissen schon zu Wegabschnitt drei gehört.
Ein anderer Grund ist die Mühe. Sich ein Veränderungswissen zu holen und aufzubereiten, kann eine gewisse Anstrengung bedeuten. Ist man nicht bereit, sie zu erbringen, bleibt die Tür verschlossen.

Wenn immer alle Türen offen wären,
lernte niemand, wie man Türen öffnet.

Der magische Moment, in dem sich die Schwelle und ihr Hüter zeigen

- Wenn Sie sich endlich von etwas befreit haben oder endlich eine Entscheidung getroffen haben, erleben Sie eine deutlich fühlbare Erleichterung. Dann wissen Sie sicher, dass Sie gerade eine Schwelle passiert haben.
- Wenn Sie eine innere Stimme hören oder das deutliche Gefühl oder ein Wissen haben, dass Sie etwas Bestimmtes wirklich tun müssten,

erleben Sie, wie der Hüter der Schwelle Ihnen gerade die Bedingungen zum Weiterkommen übermittelt.

- Wenn Sie beobachten, wie jemand lange in einer unguten Situation verweilt, obwohl alle Signale darauf hinweisen, einen deutlichen Schritt zu machen, steht dieser Mensch vor einer Schwelle. Entweder weiß er dies gerade noch nicht, oder er weiß es, ist aber noch nicht so weit, die Anleitung des Hüters zu hören und umzusetzen.
- Wenn Ihre Ziele aus einem immer ähnlichen Grund scheitern oder Ihre Vorhaben an einer immer ähnlichen Stelle abbrechen oder stecken bleiben, erleben Sie genau dort eine Schwelle und können sich fragen, wovor Sie vielleicht noch innerlich zurückzucken.

Was Heidi einfach nicht sagen konnte

Heidi ist einundvierzig, ledig und arbeitet bei einer Hilfsorganisation. Sie ist unglaublich liebenswert und gleichzeitig unglaublich schüchtern. Da sie ein sehr hilfsbereiter Mensch ist, sitzt sie in einer Einrichtung, auf die Menschen von selbst zukommen, am perfekten Platz.

Tobias unterstützt dieselbe Organisation als freier Mitarbeiter. Seine Aufgabe besteht darin, allen freiwilligen und festen Helfern in technischen und praktischen Fragen des Berufsalltags zur Seite zu stehen. Er baut Möbel auf, richtet Computer ein, bringt die Post und kontrolliert die Fahrzeuge.

Heidi mag Tobias, weil er ebenso hilfsbereit ist wie sie. Leider ist er auch ebenso schüchtern, und zu mehr als einigen holprigen netten Worten über den Beruf

kam es in den vergangenen zwei Jahren nicht. Leider. Denn Heidi hat das ganz starke Gefühl einer inneren Verbindung zu Tobias, nur weiß sie einfach nicht, was sie tun soll, wenn er in ihrer Nähe ist. Sie hat viel darüber nachgedacht, was sie mit ihm verbindet und hofft, über dieses Verständnis einen Ansatz zu finden, um die Barriere der gegenseitigen Schüchternheit zu überwinden.
»Du bist auch altruistisch«, sagte Heidi eines Tages unvermittelt zu Tobias, als er in ihrem Raum an der Installation eines neuen Kopiergeräts arbeitete.
»Was ist das?«, fragte Tobias. Heidi bemerkte, dass er ein wenig zusammenzuckte, weil sie ihn zum ersten Mal mit einem persönlichen Thema angesprochen hatte. Das wiederum erschreckte auch sie, denn sie wollte ihm nichts antun.
»Altruistisch bedeutet, dass man etwas tut, nur um anderen zu helfen – selbst dann, wenn es einem keine Vorteile oder sogar Nachteile bringt«, erklärte sie.
»Das wusste ich nicht. Ich richte nur die Sachen ein«, sagte Tobias.
»Aber du bekommst nichts dafür«, sagte Heidi. »Und dann nennt man es so. Altruisten sind gute Menschen, weil sie die Menschen lieben.«
Inzwischen klopfte Heidis Herz bis in den Hals, und sie spürte, dass ihr Gesicht – wie leider immer – heiß und rot angelaufen war. Ein wenig hoffte sie, dass er sich jetzt nicht zu ihr umdrehen würde.
»Naja, ich mache es halt, weil ich es kann und die Zeit habe«, sagte Tobias und drehte sich dabei nicht um. »Wenn es hilft, ist es schon gut.«
Heidi wollte sagen, dass Tobias ihr seit Jahren eine persönliche Unterstützung war, dass sie es mochte, wenn er da war, und dass sie gerne mehr über ihn und sein Leben erfahren würde. In ihrer Fantasie würde sich Tobias daraufhin umdrehen, nicht bemerken, wie aufgeregt sie war, und sie zum Essen einladen, weil er so positiv davon überrascht war, dass sie sich für ihn interessierte. Und falls er es auf den Lippen hatte, es aber nicht herausbrachte, würde Heidi den Mut haben und endlich diesen einen Satz sagen, der seit Jahren ausgesprochen gehörte: »Möchtest du mit mir ausgehen?«

So klar und einfach war es in Heidis Fantasie und seit vielen Monaten nahm sie sich jeden Sonntag auf Neue vor, es in der kommenden Woche endlich auszusprechen. Und hier und jetzt war gerade wieder eine solche Gelegenheit.
Aber der Satz kam nicht aus seinem Mund heraus und aus ihrem auch nicht. Tobias verließ das Büro.
Nachdem Heidi sich beruhigt hatte, dachte sie, wie es ihre Art war, intensiv darüber nach, warum sie den Satz nicht hatte sagen können. Sie kam darauf, dass sie Angst hatte, mit ihrer Frage eine Ablehnung zu erzeugen. Und dies hätte vielleicht zur Folge, dass auch die geringe berufliche Beziehung zu Tobias zerbrechen würde. Die Idee, ein zartes menschliches Band zu zerstören, war von Heidis Natur so weit entfernt, wie der von eisigen Winden umtoste Gipfel des Mount Everest von einem in der Sonne blühenden Tal. Und so wartete sie weiterhin auf eine Art Wunder, das ihr die Kraft verlieh, über die Lippen zu bringen, was ihr Herz sagen wollte.
Ein paar Monate später erfuhr Heidi, dass Tobias die Organisation verlassen würde. Nun wurde ihr klar, dass einem die Gelegenheiten vom Leben nicht ewig entgegengehalten werden. Nachdem alles darauf zusteuerte, dass Tobias für immer verschwinden würde, traute sie sich endlich, ihn anzusprechen. Was daraufhin geschah, war für sie tatsächlich wie ein Wunder. Tobias nahm ihre Einladung ganz einfach und mit Freude an, und ab da trafen sie sich endlich auch privat.
Inzwischen sind die beiden seit vier Jahren zusammen, und Heidi fragt sich noch immer, was sie so lange gehindert hatte, eine letztlich so einfache Sache zu tun.

Heidis Hüter der Schwelle

Manchmal müssen Sie etwas loslassen, damit Sie endlich den Schritt über eine Schwelle machen dürfen. Ein anderes Mal müssen Sie nichts loslassen, aber etwas Bestimmtes tun. Und in bestimmten Fällen müssen Sie nicht einmal etwas tun, sondern nur etwas sagen. Dann hängt das ganze kommende Schicksal Ihres Lebens von einem einzigen Satz ab. Sprechen Sie ihn aus, geht der Vorhang für eine neue Bühne auf. Schweigen Sie, bleibt der Vorhang geschlossen. So ist das Leben gelegentlich konstruiert, und es fordert uns auf, damit umzugehen.

Einen wichtigen Satz zu sagen, kann sehr schwer sein. Manchmal fühlt es sich an, als befände er sich schon auf dem Weg vom Herz zum Mund, würde aber auf halbem Weg im Hals festhängen.

Dann wäre der Preis, sich auf jede mögliche Auswirkung des Satzes einzulassen und zu vertrauen, dass zwei Herzen ihre Sache schon machen werden, wenn nur einer damit anfängt. Und falls diese Herzen das nicht tun, war es dennoch wichtig, es zu klären. Denn irgendwo da draußen wartet schon jemand darauf, gefragt zu werden und mitzumachen.

Manchmal mag es sich anfühlen,
als gäbe es zu viele Schwellen im Leben.
Doch auch bei einem Raum mit vielen Türen
muss man nur eine einzige durchschreiten,
um ihn zu verlassen.

Die Befreiung Ihres Herzmagneten von hemmenden Schwellen

Es gibt vielleicht einige Dinge, die Sie gerne besser hätten. Aber nicht alle sind gleich wichtig. Wenn Sie etwas lösen möchten, beschließen Sie als Erstes, dass es jetzt nur um ein einziges Thema geht. Damit holen Sie Ihre auf verschiedenen »Baustellen« verstreuten Kräfte zu sich zurück.

Sichtbar und einfach: Das Geheimnis der zwei Sätze

Wichtig für das Auflösen einer unsichtbaren Schwelle ist es, sie a) sichtbar und b) einfach zu machen.

Die Schwelle sichtbar machen

Eine hinderliche Schwelle wird sichtbar, wenn Sie das Hindernis in einfachsten Worten beim Namen nennen. Im Fall von Heidi, die sich nicht traut, Tobias anzusprechen und zu einem Date einzuladen, weil sie Angst vor den Folgen einer Ablehnung hat, würde die Beschreibung lauten: »Meine Schwelle besteht aus der Angst, abgelehnt zu werden.«

Die Schwelle einfach machen

Eine scheinbar komplizierte Schwelle wird einfach, wenn Sie das Ganze so auf den Punkt bringen, dass Sie es in einem kurzen Satz aussprechen können. In Heidis Fall wäre die einfache Formulierung: »Der Hüter verlangt, dass ich Tobias dennoch anspreche.«

Heidi kann also ihre ganze Situation in zwei kurzen Sätzen zusammenfassen: »Meine Schwelle besteht aus der Angst, abgelehnt zu werden. Der Hüter verlangt, dass ich Tobias dennoch anspreche.«

Wenn Sie schwierige Situationen so eindeutig und alternativlos auf den Punkt formulieren, bündeln Sie damit all Ihre Kräfte und all Ihren Mut, und der wichtige Schritt wird endlich möglich.

»Ja« oder »Nein«? Beispiele für Schwellen und Lösungen

- »Meine Schwelle besteht aus einem Komfortgefühl. Der Hüter verlangt, dass ich mich anstrenge.«
- »Meine Schwelle besteht aus einem bestimmten Selbstbild. Der Hüter verlangt, dass ich es verändere oder loslasse.«
- »Meine Schwelle besteht aus einem Fremdbild. Der Hüter verlangt, dass ich anderen Meinungen nicht mehr folge.«
- »Meine Schwelle besteht aus Vermutungen oder Unwissenheit zum Thema. Der Hüter verlangt, dass ich mir neues Wissen hole.«
- »Meine Schwelle besteht aus Ansprüchen. Der Hüter verlangt, dass ich einige loslasse.«
- »Meine Schwelle besteht aus einer Überzeugung, was richtig ist. Der Hüter verlangt, dass ich neutral werde.«
- »Meine Schwelle ist, dass ich etwas erzwingen will. Der Hüter verlangt, dass ich einer anderen Stelle überlasse, ob es geschehen wird.«

*Ein Hüter der Schwelle ist nicht Ihr Gegner,
sondern immer Ihr Freund.
Weil er Ihnen helfen möchte,
all Ihre Fähigkeiten und Kräfte
gemeinsam in eine Richtung zu bringen.*

Wie Sie von einem Hüter der Schwelle erfahren können, was zu tun ist

Der beschriebene Weg, es sichtbar und einfach zu machen, eignet sich sehr gut für Menschen, die gerne nachdenken und analysieren. Falls Sie zu den Menschen gehören, die einen guten wörtlichen Draht zu ihrer inneren Stimme haben, können Sie die Kraft des Hüters auch ganz direkt befragen:

- »Was müsste ich verändern, damit sich alles ändern kann?«
- »Was müsste ich erstmalig tun, um den Bann zu brechen?«
- »Was müsste ich aufhören zu tun, damit sich etwas von selbst verändern kann?«
- »Welche Gedanken drehen sich im Kreis, ohne eine Lösung zu finden? Was wären bessere Gedanken, falls es nur um mein inneres Glück ginge?«
- »Worum dreht sich hier ganz offensichtlich alles?«

Den »richtigen« Preis anbieten

Folgende Einsätze an einer Schwelle werden oft übersehen:

- Genau das loszulassen, was man gerade jetzt unbedingt erreichen will. Zum Beispiel eine Antwort, ein Bekenntnis oder mehr Zuneigung von dieser einen bestimmten Person. Denn wenn genau das nicht geht, kann kein Hüter der Schwelle Ihnen helfen. Seine Antwort könnte dann sein: »Lasse diese unbedingte Idee los, dann lasse ich dich passieren.«
- Die Fixierung auf genau diese Schwelle loszulassen. Manche Räume haben mehr als eine Tür. Sie können auch durch eine andere Tür nach

draußen gehen. Die Aufgabe wäre dann: »Wende dich dem Thema zu, das zuerst gelöst werden muss.«

- Sich einem anderen Leben hinzugeben. Manchmal braucht es einen – auf den ersten Blick – großen Preis. Es kann sein, dass die Schwelle zu einem guten Leben hier und jetzt darin besteht, eine ganze Lebensidee aufzugeben. Weil nur so die in Wahrheit vor einem stehende Lebensidee Einzug halten kann. Was auch immer sie ist, könnte eine überraschende und bereichernde Erfahrung werden.

Hüter der Schwelle: Grund und Sinn

Grund

- Ein Grund, warum der Weg vieler großer Veränderungen von Hütern der Schwelle geschützt wird, ist, dass besondere Veränderungen nur von besonderen Entscheidungen in Gang gesetzt werden können. Eine Schwelle bringt eine Situation auf den Punkt. Sie sorgt dafür, dass man vor ihr innehält, um jene Entscheidung zu finden, die alle Kräfte auf die richtige Weise zusammenbringt.
- In der Welt hinter der Schwelle begegnen Ihnen alle Menschen, die mit demselben Schritt dieselbe Hürde überwunden haben. Also Menschen, die zueinander passen werden.

Sinn

- Der Sinn, einem Hüter der Schwelle zu begegnen, ist, dass ohne ihn ein bestimmtes Wachstum unmöglich wäre.
- Der tiefe Sinn von Schwellen liegt in der bleibenden neuen Kraft, die Sie auf dem Weg über die Schwelle erwerben.

Erlebtes Wissen zum vierten Geheimnis

- Wenn Sie vor einem Hüter der Schwelle stehen, drehen sich die Gedanken ständig darum, ob Sie einen bestimmten Schritt tun sollen.
- Erinnern Sie sich an Situationen, in denen Sie zögerten, den Einsatz zu bringen. Irgendwann wurde es Ihnen aus der Hand genommen und geschah dann doch. Ihre Wahl bestand darin, es zu beschleunigen oder hinauszuzögern. Was hätten Sie rückblickend anders gemacht?
- Denken Sie an Menschen, die bestimmte Schwellen offenbar nie überwunden haben. Wo wären sie heute, wenn sie es gewagt hätten?

Wie Sie Ihren Magneten neu ausrichten

- Vor Schwellen kann man kurz zögern und es dann tun, oder man kann lange verweilen und den zunehmenden Druck des Schicksals abwarten. Entscheiden Sie sich, den Schwellen im Leben offen zu begegnen. Begrüßen Sie Angebote und neue Wege grundsätzlich erst einmal mit einem inneren »Ja«. Das verändert Ihre Grundhaltung.
- Wenn eine Schwelle spürbar ist, Sie aber nicht wissen, um was es geht, versuchen Sie, eine ganz neue Sichtweise zuzulassen. Was wäre, wenn Sie es vollkommen anders machen würden als bisher?
- Falls Sie das Gefühl haben, nicht weiterzukommen, weil Sie den zu erbringenden Einsatz nicht herausfinden, entrümpeln Sie Ihr Leben. Entsorgen Sie vor allem alte Dinge und Gegenstände mit Symbolwerten. Damit setzen Sie im Hintergrund eine Bewegung in Gang, an deren Ende Ihre gesuchte Antwort stehen könnte.
- Legen Sie sich neue Gegenstände zu, die symbolhaft für Öffnung, Weite, Befreiung, Führung, Kraft und einen neuen Weg stehen.
- Falls Sie so etwas gut finden, werden Sie zu einem kleinen Leuchtturm für Neues, für Mut und für Zukunft, indem Sie auch anderen Mut machen, über Schwellen zu gehen. Ein Mutspender zu sein, verändert auch Ihren Magneten spürbar.

Das fünfte Geheimnis

Magnetische Mantras

Ein Wort oder ein Satz,
gesprochen oder gedacht,
kann Ihre Welt verändern.

Worte haben eine zentrale Bedeutung für unser gesamtes Menschsein. Sie beschreiben nicht einfach nur ganz neutral eine Sache, eine Situation, eine Beziehung oder einen Menschen. Durch die Wahl unserer Worte bei der Beschreibung erschaffen wir gleichzeitig Gefühle.

Das war seit Anbeginn der Sprache wichtig, denn unsere Vorfahren mussten mit ihren ersten wenigen Worten unbedingt ausdrücken, ob etwas gefährlich oder freundlich war, ob es schnell gehen musste oder Zeit hatte, ob gerade Stress oder Entspannung angesagt war.

Auch heute noch können Sie eine einfache Tatsache auf so unterschiedliche Art in Worte kleiden, dass sie völlig verschiedene Gefühle auslöst. Ihre Gefühle wiederum sind ein wichtiger Bestandteil Ihres Herzmagneten.

Worte erschaffen also Gedanken. Bestimmte Gedanken können Gefühle erschaffen. Gefühle strahlen über den Herzmagneten nach außen und erzeugen dort eine bestimmte Wirkung.

Wenn Sie diese Kette rückwärts betrachten, kommen Sie zu dem logischen Ergebnis, dass eine Veränderung bestimmter Worte in Ihrem Kopf auch Ihren Herzmagneten verändern müsste.

Und genau so ist es.

Doch um welche Art von Worten geht es?

Die bedeutsame Kraft gedachter Worte

Stellen Sie sich kurz ein für Sie deutlich negatives Wort vor. Auch wenn Sie so etwas sonst nicht denken – versuchen Sie es als Experiment für ein paar Sekunden. Sprechen Sie das Wort in Ihren Gedanken langsam aus,

vielleicht sogar drei Mal hintereinander. Sie brauchen dazu nicht an eine Person zu denken, brauchen keine Vorstellung und keine Geschichte. Das negative Wort selbst genügt. Spüren Sie, wie es Ihnen geht, wenn Sie das Wort denken.
Und nun wählen Sie ein Wort, das Sie als wunderschön empfunden, oder eines, das etwas sehr Gutes ausdrückt. Denken Sie es wieder deutlich und spüren Sie, was es mit Ihnen macht.
Lassen Sie nun beide Worte wieder los, indem Sie sie in Ihrer Fantasie in den Himmel aller Worte zurückschicken.
Dieses kleine Experiment zeigt Ihnen, dass bereits ein einziges deutlich gedachtes Wort Ihren Gefühlszustand verändern kann. Und damit auch den Zustand Ihres Herzmagneten.

Was ist ein magnetisches Mantra?

Gute Worte erzeugen gute Gefühle. Diese Wirkung entdeckten weise Menschen schon vor langer Zeit. Sie entwickelten daraus eine Art Geheimwissen für gute Ausstrahlung und Anziehung im Leben und nannten es »Mantra«.
Das Wort »Mantra« ist Teil der uralten indischen Sprache Sanskrit und bedeutet so viel wie »heiliger Spruch« oder »heiliges Lied«. Im tiefsinnigen Sanskrit bezeichnet die Silbe »Man« auch die »Gesamtheit aller Gedanken und Gefühle«. »Tra« hingegen bedeutet »rettend, beschützend«. Der Sinn eines »Man-Tra« liegt also darin, dass es den Menschen, der es denkt, ausspricht oder singt, vor negativen Gedanken rettet und in einen von Liebe, Güte und Erkenntnis getragenen Zustand versetzt. Genau das, was Sie vielleicht als anziehende Wirkung für Ihren Herzmagneten anstreben.

Mantras sind versteckte Magneten.
Sie ziehen Menschen und Situationen an,
die das Mantra immer weiter bestätigen.
Verändern Sie ein zentrales Mantra,
und Sie verändern Ihren Magneten.

»Sie lieben mich, weil ich sie liebe«

Ein bekannter Bühnenkabarettist trat seit vielen Jahren vor großem Publikum mit mehreren tausend Besuchern auf. Weil er zeitlebens stark unter Lampenfieber und der Angst vor Fehlern litt, hatte er sich angewöhnt, in den Minuten vor dem ersten Erscheinen auf der Bühne nur das Allerbeste über sein Publikum zu denken. Er sagte sich immer wieder, dass all diese Männer, Frauen und Kinder sehr freundliche Menschen seien, die ihn zudem mochten, sonst wären sie ja nicht gekommen. Diese Gedanken wirkten schon einmal sehr gut, doch gänzlich beruhigten sie sein Lampenfieber noch nicht. Deshalb beschloss der Künstler eines Abends, seinem Publikum als erste Begrüßung zu sagen, was er über es dachte. Er verriet, dass er die Zuschauer vor Beginn der Vorstellung schon heimlich durch den Vorhang hindurch beobachtet hätte und zu dem Schluss gekommen sei, heute Abend ein ausnehmend nettes Publikum vor sich zu haben. Schlagartig umhüllte ihn das Wohlwollen seiner Gäste, und das Lampenfieber fiel von ihm ab. Die Wirkung seiner freundlichen Worte war so positiv, dass er sie künftig an den Beginn jeder seiner Aufführungen stellte.

Die zwei Arten von Mantras und die Wirkung auf Ihren Herzmagneten

Was immer sich in Ihren Gedanken häufig wiederholt, wirkt auch besonders stark. Das gilt im Guten wie im Schlechten.

Unvorteilhafte Mantras

Wenn Ihnen jemand immer wieder sagt, Sie seien nicht gut genug, können genau diese Worte »Ich bin nicht gut genug« sich wie ein Mantra in Ihre Gedanken brennen. Sie werden zu einem Teil Ihrer fühlbaren Ausstrahlung. Dies wiederum zieht Menschen an, die jemanden suchen, der von sich denkt, er sei nicht gut genug. Zum Beispiel weil sie neben so einem Menschen selbst als glänzend dastehen können. Oder weil sie ihn über das ständig schlechte Gewissen gut kontrollieren können.
Der mantraartig wiederholte Gedanke »Ich bin nicht gut genug« erschafft also Situationen, die genau diese Überzeugung immer wieder bestätigen. Obwohl sie in Wahrheit gar nicht stimmt.

Gute Mantras

Wenn Ihnen von klein auf immer wieder vermittelt wurde, dass Sie ein wertvoller, kluger, schöner und liebenswerter Mensch sind, wird Ihnen das sehr wahrscheinlich für den Rest Ihres Lebens helfen. Gedanken wie »Ich schaffe das« gehören dann zu Ihrer Grundhaltung, und so werden Sie das Meiste auch schaffen. Ein Satz wie »Was ich mache, ist wertvoll und gut« wird zu einer Grundlage für Ihren Selbstwert. Andere Menschen spüren diesen Satz und werden Ihnen viel zutrauen und vertrauen. Gleichzeitig würden sich Menschen, die jemanden zum Ausnutzen oder Erniedrigen suchen, abgehalten fühlen.

Positive Mantras erschaffen also innerlich einen guten, kraftvollen Zustand und strahlen zusätzlich nach außen hin eine anziehende Klarheit aus.

Manfred und der wichtigste Satz seines Lebens

Wie ein ungutes Mantra durch die ständige innere Wiederholung so schlechte Gefühle erzeugen kann, dass dies einen guten Lebensweg aufs Spiel setzt, erlebte Manfred im Laufe vieler Jahre am eigenen Leib.

Als selbstständiger Firmeninhaber mit Anfang dreißig stand Manfred mit beiden Beinen fest im Leben. Durch den intensiven Einsatz beim Aufbau seiner kleinen Firma hatte er bislang wenig Zeit für die Suche nach der richtigen Frau in seinem Leben gehabt. Manfred ist ein ansehnlicher, selbstbewusster Mann, und Frauen kennenzulernen, war nie ein Problem gewesen. Doch der zielstrebige Planer in ihm warnte ständig vor überstürzten Entscheidungen. Manfred wünschte sich eine Familie mit mindestens zwei Kindern, weshalb er großen Wert auf das Gefühl legte, ganz sicher die richtige Frau für diese Vision zu finden.

Weil sich »Mrs Right«, wie er sie nannte, jedoch einfach nicht zeigen wollte, riskierte er eines Nachmittags beim Bummel über ein Volksfest den Besuch bei einer Art Wahrsagerin. Natürlich glaubte er nicht an so etwas und betrachtete es so ähnlich wie das Öffnen eines Glückskekses oder das Überfliegen eines Horoskops. Es war einfach amüsant.

Die Frau in der winzigen, lilafarbigen Zeltkabine entsprach so ziemlich allen Klischees, die Manfred über diese Branche im Kopf hatte. In der Mitte des mit Samttüchern gedeckten Minitisches lagen sogar die obligatorische Glaskugel und ein Stapel Karten.

»Sie suchen nach einer Antwort«, sagte die Frau zur Begrüßung, nickte und bedeutete ihm mit einer Handbewegung, Platz zu nehmen.
»Das haben Sie perfekt erkannt«, sagte Manfred mit einem etwas zu schnippischen Tonfall und fühlte sich dafür auch im gleichen Moment nicht gut. Die Frau schien es überhört zu haben.
»Und es geht um Ihre familiäre Zukunft«, fuhr sie unbeeindruckt fort. »Sie haben keine Kinder, richtig?«
Nun wurde es Manfred ein wenig mulmig.
»Was möchten Sie wissen?«, fragte die Frau.
»Eigentlich interessiert mich, ob für mich eine Partnerin vorgesehen ist, mit der ich eine Familie gründen werde. Und natürlich, wie ich sie finde.«
Die Frau hantierte mit einem Stapel Karten herum. Manfred bekam davon nur wenig mit, weil er darüber nachdachte, wie sie ohne jede Erklärung seine Frage herausgefunden hatte. Menschenkenntnis gepaart mit Wahrscheinlichkeitsrechnung möglicherweise.
»Ihre Frau wartet dort draußen bereits auf Sie«, sagte die Wahrsagerin nach einer Weile. Sie legte weitere Karten. Manfred hatte keine Ahnung, was die Bilder bedeuteten.
»Was meinen Sie mit ›dort draußen‹?«, fragte er.
Sie machte eine kreisende Handbewegung.
»Dort draußen auf diesem Gelände. Jetzt gerade.«
»Heute? Hier?«, fragte Manfred. Sein Herz hämmerte plötzlich im Hals.
»So ist es.«
»Wie soll ich sie erkennen?«
»Wenn es Ihre Frau ist, werden Sie sie erkennen.«
»Ich glaube nicht an solche Andeutungen«, sagte Manfred.
»Geht uns das nicht allen so?«, entgegnete die Frau. »Aber das ist die Antwort, die ich Ihnen geben kann.«

Manfred bedankte sich etwas holprig, bezahlte die Sitzung und stand auf. Als er gerade den Vorhang beiseiteschieben wollte, hörte er noch einmal die Stimme der Frau hinter sich.

»Warten Sie«, sagte sie. »Da ist noch eine wichtige Information. Wenn Sie zusammen ein Kind bekommen, wird es behindert sein oder früh sterben. Das ist, was ich sehe.«

›Na, ganz toll‹, dachte Manfred. ›Das Geld hätte ich mir sparen können.‹

Um sich selbst zu bestätigen, dass die Aussage der Wahrsagerin Unsinn war, hielt er nun besonders Ausschau nach Frauen, die ohne Partner auf dem Volksfest unterwegs waren. Er wollte sie der Reihe nach als unpassend abhaken und dann das Volksfest verlassen. Damit hätte er die Vorhersagefähigkeit der Frau widerlegt. Hoffentlich, denn der letzte Teil ihrer Prophezeiung durfte auf keinen Fall eintreten.

Manfred blieb länger als geplant, und er suchte aufmerksamer als je zuvor in der letzten Zeit. So entdeckte er Mia. Und es war ihm nicht möglich, sie mit einem negativen inneren Haken alleine vor dem Glühweinstand stehen zu lassen.

Die Beziehung durchlief in den folgenden Jahren viele schöne Zeiten, aber auch einige schwierige. Die Schwierigen hatten fast immer damit zu tun, dass Manfred Mia nicht heiraten wollte.

»Ich habe dir schon immer gesagt, dass ich Kinder will«, sagte Mia eines Tages. »Wenn du dir nach sieben Jahren noch immer nicht klar darüber bist, ob du das auch mit mir möchtest, dann trennen wir uns vielleicht lieber.«

Manfred sah sie wie jedes Mal hilflos an.

»Ich brauche einfach noch ein wenig Zeit«, sagte er.

»Manfred, was immer dich zurückhält – es wird dich meine Liebe kosten«, sagte Mia.

Erst dieser Satz weckte Manfred auf und machte ihm klar, wo die Ursache lag, die ihm seit Jahren Probleme mit Mia bereitete. Vier Mal hatte sie ihn fast ver-

lassen, und alles in allem hatten sie mehr schwierige Zeiten gehabt als schöne. Alles wegen der Frauenstimme in seinem Kopf, die unablässig den wichtigsten Satz seines Leben wiederholte: »Wenn Sie zusammen ein Kind bekommen, wird es behindert sein oder früh sterben.«

Und nun stand Manfred vor der endgültigen Entscheidung, ob er diesen Worten mehr glaubte als dem Leben, das vor ihm lag. Er fasste allen Mut zusammen und entschied sich für das Leben. Bald darauf wurde er Vater einer gesunden Tochter. Sie ist inzwischen acht Jahre alt. Das Mantra in Manfreds Kopf war falsch gewesen.

Diese gute Erfahrung hat er kurz nach der Geburt seiner Tochter zu seinem neuen Mantra gemacht: »Ich vertraue nicht Vorhersagen, sondern dem Leben.«

Alte Worte wie
»Mir hat mal jemand gesagt …« oder
»Ich sage immer …«
verschließen die Gedanken gegenüber etwas,
das durch ganz neues Nachdenken
neu entstehen könnte.

Wie Sie Ihren Herzmagneten positiv aufladen

Sie können die Ausstrahlung Ihres Herzmagneten spürbar verbessern, wenn Sie zwei Dinge tun. Erstens: Nehmen Sie alten, unpassenden Mantras ihre Wirkung. Zweitens: Füllen Sie Ihren Magneten mit der Wirkung neuer, besonders gut zu Ihnen passender Mantras auf.

Verborgen wirkende ungute Mantras enttarnen

Um ein verborgenes, ungut wirkendes Mantra zu enttarnen, fragen Sie sich, was Sie immer wieder denken. Über sich selbst oder über andere Menschen. Was hat man Ihnen früher oft gesagt oder prophezeit? Welche fremden Meinungen haben Sie in sich aufgenommen?

Beispiele:

»Die anderen haben einfach mehr Glück.«

»Ich bin nicht schön genug.«

»Wenn ich etwas anfasse, geht es meistens schief.«

»Am Ende stehe ich immer allein da.«

»Das Leben ist kein Ponyhof.«

»In Gruppen bin ich der Außenseiter.«

»Ich werde immer negativer gesehen, als ich in Wahrheit bin.«

»Ich bin kein richtig guter Mann / keine richtig gute Frau.«

»Ich kann nicht gut mit Menschen umgehen.«

»Alle sind immer gegen mich.«

Sätze dieser Art sind oft wie eingebrannt. Man denkt sie, obwohl man sie nicht denken will.
Was ist Ihr Satz? Woher kommt er? Vielleicht stellen Sie fest, dass Sie ihn sich gar nicht selbst ausgedacht haben. Letztlich jedoch ist es nicht entscheidend, woher er kommt, denn Sie werden ihm gleich seine Wirkung nehmen.

Den Herzmagneten von negativen Mantras befreien

Nehmen wir als Beispiel den Gedanken »Ich bin nicht gut genug«. Stellen Sie sich die Wirkung dieser Worte in Ihrem Kopf wie einen düsteren Raum mit gräulichem Licht vor. Dieser Satz strahlt grau nach außen und zieht immer wieder graue Situationen an. Weil Sie diesen Zusammenhang irgendwann erkannt haben, denken Sie vielleicht jedes Mal, wenn der ungute Satz auftaucht: »Ich darf das nicht denken.« Diese Selbstverurteilung wiederum kann dazu führen, dass Sie sich am Ende noch schlechter fühlen.
Je mehr Sie sich also mit der Abwehr des ungewollten Gedankens beschäftigen, umso mehr Zeit verbringen Sie innerhalb des Raumes mit dem grauen Licht. Meistens, ohne dass sich wirklich etwas verändert.
Der Vorteil der Arbeit mit Mantras ist, dass Sie sich jetzt nicht das Gegenteil einreden oder den Satz abwehren müssen. Stattdessen lassen Sie das ganze Spielfeld des alten Gedankens einfach liegen und aktivieren ein neues, viel stärkeres Feld.

Das neue Herzmantra aktivieren

Es gibt ganz besondere Worte, die schon nur beim Denken oder Aussprechen sofort das Herz berühren und seine Ausstrahlung positiv verändern. Diese speziellen Wörter beschreiben jeweils einen hohen inneren Zustand. Weil sich Ihr Herz diese Zustände ersehnt, geht es jedes Mal damit in Resonanz, wenn Sie das Wort denken oder aussprechen. Auf diese Weise verstärkt das Wort die Ausrichtung und Wirkung Ihres Herzmagneten.

Worte, die Ihr Herz zum Klingen bringen

Respekt. Liebe. Achtsamkeit. Ehrlichkeit. Höflichkeit. Freundlichkeit. Mitgefühl. Güte. Offenheit. Unterstützung. Schöpfung. Freude. Frieden. Freiheit. Verständnis. Weisheit. Wissen. Wahrheit. Ehre. Achtung. Würde.

Begriffe wie diese sind nicht nur einfache Worte. Es sind Lebenswerte. Sie drücken etwas aus, für das Sie vielleicht selbst stehen, etwas, das Sie anstreben, weil es Ihrem Leben Sinn und Wert verleiht.
Es kann gut sein, dass Ihnen alle Wörter etwas bedeuten. Für Ihr persönliches Mantra brauchen Sie nun drei oder vier davon. Es sollte sich ein Klang ergeben, den Sie lieben, immer wenn Sie ihn denken oder aussprechen. Wie ein schöner Akkord, den Sie nie vergessen.

Liebe. Weisheit. Mitgefühl.
Verständnis. Wahrheit. Unterstützung.
Freiheit. Frieden. Freude.
Respekt. Ehrlichkeit. Achtsamkeit. Würde.

Wählen Sie die Begriffe, die am besten ausdrücken, wofür Sie selbst jetzt gerade stehen oder wonach Sie sich sehnen, vielleicht auch, weil es so häufig missachtet wurde.

Wenn Sie diesen Dreiklang oder Vierklang aus Wörtern gefunden haben, könnten Sie ihn »meine Herzenswerte« oder »mein Herzmantra« nennen.

Sobald Sie künftig feststellen, dass belastende Gedanken auftauchen oder dass andere mit altbekannten Mitteln auf Sie zugreifen, aktivieren Sie die Kraft Ihres Herzmantras, indem Sie die Worte einige Male in Ruhe denken oder aussprechen.

Das klingt ein wenig wie Magie, deshalb macht es Freude, es anzuwenden. Gleichzeitig nutzen Sie einen auch logisch erklärbaren Zusammenhang zwischen guten Kräften und deren positiven Auswirkungen.

Alice und die Klarheit ihres Herzmantras

Alice hatte Jonas im Studium kennengelernt. Nach einer längeren Zeit der Annäherung waren die beiden schließlich ein Paar geworden und nun schon seit fast zwei Jahren zusammen.

In der Beziehung wiederholte sich ein Problem, das nach Alices Meinung mit Jonas zu tun hatte und nach Jonas' Meinung mit Alice. Alice empfand Jonas Verhalten oft als nicht partnerschaftlich. Sie warf ihm vor, dass er die Beziehung nur für die ihm angenehmen Seiten benutzte und in Wahrheit kaum Interesse an Alices wirklichen Sehnsüchten, Wünschen und Zielen hatte.

»Immer wenn ich versuche, dir etwas zu erklären, was mir wichtig ist, versuchst du, es auszuhebeln«, sagte sie oft.

»Das stimmt nicht«, sagte Jonas dann meistens. »Ich höre dir zu und versuche dann, eine Lösung zu finden.«

»Die meistens darin besteht, mir zu demonstrieren, dass ich das Problem selbst erschaffe«, sagte Alice. »Du sagst, du könntest mit dem, was ich dir versuche zu erklären, nichts anfangen. Das ist für mich, als würde ich immer wieder gegen eine Wand laufen.«

»Das tut mir leid«, sagte Jonas. »Aber ich sehe eben oft kein Problem, wo du ein Problem siehst.«

»Siehst du«, sagte Alice. »Jetzt gerade machst du es schon wieder.«

»Was denn?«

»Die Wand vor mir aufbauen. Du sagst, alles was Probleme bereitet, läge nur an meiner Sichtweise.«

»Das stimmt doch gar nicht«, sagte Jonas.

»Und da ist es schon wieder«, sagte Alice.

Für einen Moment wussten beide nicht, wie das Gespräch weitergehen sollte.

»Das hier widerspricht allem, wofür ich stehe«, sagte Alice schließlich.

»Aber ich liebe dich«, sagte Jonas

»Es geht aber jetzt nicht um dich«, sagte Alice. »Es geht um mich. Und es geht darum, zu was du mich machst. Es geht darum, wie wir immer wieder miteinander umgehen. Das stimmt nicht mit meinem Herzen überein.«

»Aha, mit deinem Herzen«, wiederholte Jonas, der inzwischen spürbar genervt von der Auseinandersetzung war. »Das hilft mir jetzt eher wenig. Aber ich bin für alles offen, also, kannst du mir das vielleicht genauer erklären?«

Alice mochte diesen Tonfall gar nicht. Es versetzte sie immer in den Stress, Dinge auszudrücken, die sie nicht gut in Worte fassen konnte. Doch dieses Mal war sie vorbereitet, denn sie hatte ihr persönliches Mantra gefunden.

»Güte. Wahrheit. Unterstützung«, sagte sie. »In der Welt, wie ich sie gut finde, sind beide Partner gütig zueinander, weil sie sich lieben und sich nicht schlecht *machen oder gar bekämpfen. Und sie lieben es, gemeinsam die Wahrheit über etwas herauszufinden, weil sie sich nicht selbst oder gegenseitig täuschen wollen. Und drittens unterstützt jeder Partner den anderen mit den allerbesten Absichten und Kräften auf dessen Weg, weil er es liebt zu sehen, wie der andere wächst und dabei glücklich wird. Güte, Wahrheit und Unterstützung ist das, was ich will.«*

»So hast du es noch nie gesagt«, sagte Jonas.

»So klar war es mir auch noch nie«, sagte Alice. »Aber nun weiß ich es, und so möchte ich Beziehung leben.«

»Das hilft auch mir«, sagte Jonas. »Wir sollten es versuchen.«

Was ein magnetisches Mantra noch bewirkt

Es macht Sie ruhig und offen

Stellen Sie sich vor, Sie hätten ein wenig Zweifel an Ihrer Attraktivität, obwohl Sie natürlich wissen, dass dies nicht gut ist und nicht stimmt. Sie sitzen also an einem Tisch und warten auf ein erstes Date mit einem möglichen Partner. Um nicht Unsicherheit und Zweifel auszustrahlen, denken Sie sich immer wieder: »Ich bin liebenswert und attraktiv, und falls das hier nichts wird, macht es nichts, weil ich gar nicht muss.« Sie zwingen sich also von Anfang an ein wenig zu dem Gedanken, dass es nichts werden muss, weil es Ihnen nichts Besonderes bedeutet. Das könnte der andere spüren und deshalb auf Abstand gehen. Sie würden sich dann im Laufe der Zeit fragen, warum Ihre Dates oft irgendwie distanziert verlaufen.

Und nun stellen Sie sich vor, Sie sitzen an dem Tisch und könnten gar nicht darüber nachdenken, wie Sie wohl sind oder sein sollten und welche Bedeutung dies oder das hat. Stattdessen denken Sie nur »Freundlichkeit. Offenheit. Liebe«. Oder eben Worte, die Ihnen etwas bedeuten. Nicht, was Sie »haben wollen«, sondern was Ihnen guttut, wenn Sie diese Worte denken. Und während Sie dies denken, sehen Sie Ihr Date kommen. »Freundlichkeit. Offenheit. Liebe.« Das könnte wunderbar entspannt werden.

Sie betreten einen Club von Gleichgesinnten

Mit bestimmten Worten oder Sätzen betreten Sie sozusagen den Club aller Menschen, die ebenfalls diese Worte denken und diese Sichtweise haben. Über die Ausstrahlung per Herzmagnet sorgt das Mantra dafür, dass sich die Mitglieder eines Clubs überall auf der Welt gegenseitig erkennen, ohne sich je zuvor Details erzählt zu haben. Ihre Gefühle und inneren Bilder aus den Mantras sind die beste aller Sprachen, wenn es darum geht, sich zu finden. Sie sind, was man die »Sprache des Herzens« nennt.

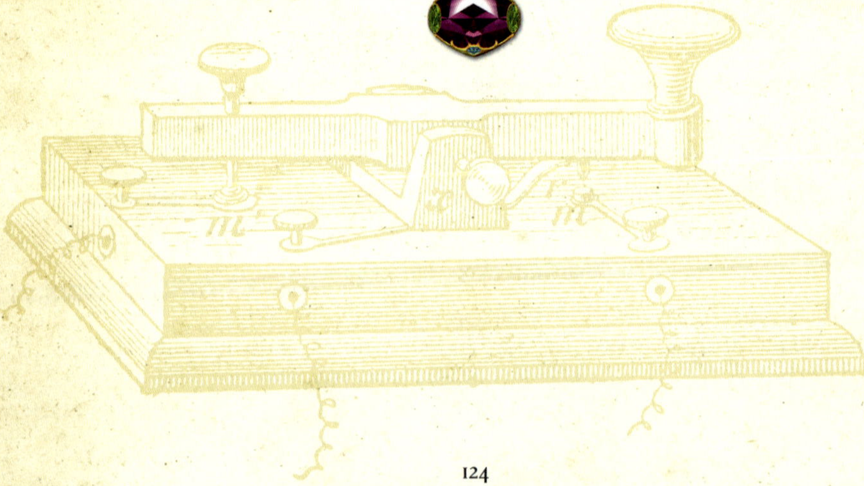

Der Blinde und das Schild

In einer Fußgängerzone in London saß ein blinder Bettler an einer Hauswand, vor sich eine Stück Pappe, eine Schale und ein Schild mit den Worten: »Ich bin blind. Bitte Hilfe.«
Doch selbst nach drei Stunden an dem belebten Ort lagen nur wenige Münzen in seiner Schale.
Irgendwann kam eine junge Frau in Geschäftskleidung vorbei. Sie sah die klägliche Anzahl von Münzen und den freundlich wirkenden Blinden, schüttelte verwundert den Kopf und ging weiter. Doch nach wenigen Schritten hielt sie inne, drehte sich um und ging zurück. Sie griff nach dem Schild, holte einen Stift aus ihrer Aktentasche und schrieb etwas auf die freie Rückseite. Dann stellte sie das Schild mit dem neuen Text nach oben zurück an seinen Platz und ging weiter.
Als sie am Abend wieder an dem Bettler vorbei kam, befand sich eine stattliche Menge von Münzen und Scheinen in der Schale.
Der Blinde erkannte die Frau an ihrem Schritt, hob eine Hand und fragte: »Was haben Sie mit meinem Schild gemacht?«
Sie antwortete: »Ich habe dasselbe darauf geschrieben wie Sie. Nur mit anderen Worten.«
»Bitte lesen Sie es mir vor«, sagte der Bettler.
»Gerne«, sagte die Frau, beugte sich hinab, nahm das Schild in die Hand und las vor:
»Es ist ein wunderschöner Tag! Und ich kann ihn nicht sehen.«

Magnetische Mantras: Grund und Sinn

Grund

- Negative innere Sätze und Worte bieten eine einfache Weltsicht an. Unser Verstand liebt diese Einfachheit, weil sie ihm viel Arbeit erspart. Deshalb übernimmt er diese Weltsicht oft ungeprüft.
- Ein weiterer Grund, warum sich ein ungewolltes Mantra im Kopf eingenistet haben kann, sind die Gedanken anderer Personen. Etwas, das Sie irgendwann einfach geglaubt und seitdem nie verändert haben.
- Gute Mantras verändern die Ausstrahlung des Herzmagneten positiv. Sie nehmen alten, unguten Gedanken ihre Wirkung.

Sinn

- Der Sinn eines magnetischen Mantras liegt darin, es zu erkennen, um in den guten Fällen seine Kraft zu nutzen und alle anderen Fälle in etwas Gutes zu verwandeln.
- Der tiefe Sinn von Mantras liegt immer darin, die faszinierende Wirkung von Klängen auf Gefühle zu erleben und damit einen weiteren Teil der Kräfte zu verstehen, die jeden von uns umgeben, durchfließen und lenken.

Erlebtes Wissen zum fünften Geheimnis

- Beobachten Sie, wo andere Menschen persönliche Mantras gebildet haben und wie sich das auf deren Leben auswirkt. Verschafft ihr Mantra diesen Menschen Sicherheit? Hält es sie eher gefangen? Öffnet es ihnen Möglichkeiten? Macht es sie sympathisch?

- Beobachten Sie, was die Verwendung von guten oder unguten Worten durch Sie oder andere mit Ihnen und Ihren Gefühlen anstellt und in welche Richtung es Ihre Ausstrahlung verändert.
- Suchen Sie sich Mantra-Lieder aus, die in Ihren Ohren wirklich schön klingen oder Ihr Herz berühren. Viele Mantras sind in einer Sprache, die Sie nicht mit dem Kopf verstehen, aber mit dem Herzen fühlen. Recherchieren Sie später die Übersetzung des Textes und vergleichen Sie, ob die Worte mit den Themen und Zielen zu tun haben, die Sie gerade beschäftigen. Sie könnten dabei interessante Überraschungen erleben.

Wie Sie Ihren Magneten neu ausrichten

- Klang ist Schwingung, und Schwingungen sind das, was Ihr Herzmagnet aussendet. Erfüllen Sie Ihr Inneres mit den Klängen von Musik oder Worten, die Ihr angestrebtes Lebensgefühl ausdrücken.
- Achten Sie auf gut wirkende Worte, und bauen Sie solche in Ihre eigenen Gedanken ein. Verbessern Sie Ihre bestehende Sprache immer ein wenig weiter. Je mehr gute und schöne Worte Sie in sich sammeln, umso mehr gute Gefühle werden Sie erfüllen. Das strahlt Ihr Herzmagnet nach außen aus und zieht damit Menschen an, die so etwas ebenfalls schön finden.
- Vermeiden Sie in Ihrem Leben zerstörerisch wirkende Musik oder Worte, wenn es geht.

Das sechste Geheimnis

Versteckte Botschaften

Jede Botschaft, die Sie aussenden,
kann unbemerkt ihr
eigenes Gegenteil enthalten
und dabei Dinge bewirken,
die Sie niemals wollten.

So lange, bis Sie es durchschauen.

Manchmal können Sie sich verhalten, wie Sie wollen – Sie kommen dem anderen einfach keinen Schritt näher. Vielleicht denken Sie dann an unsichtbare Hürden, die Sie noch überwinden müssten. Oder an Grenzen, die Sie zu respektieren lernen sollen. Oder an alte Verletzungen, die eine spürbare Abwehr erzeugen.

Das Gefühl, nicht näherzukommen, kann aber auch einen ganz anderen Grund haben. Es könnte daran liegen, dass Sie den anderen innerlich nicht zu fassen bekommen. Er wird einfach nicht greifbarer und scheint sich all Ihren Versuchen, Klarheit, Wahrheit oder Nähe zu erschaffen, immer wieder zu entwinden.

Falls Sie so etwas mit anderen Menschen erleben, wirken versteckte Botschaften im Hintergrund, die den scheinbar klar verständlichen Botschaften widersprechen.

Was ist eine versteckte Botschaft?

Eine versteckte Botschaft ist eine Verhaltensweise, ein gesendeter Gedanke, eine Körpersprache oder auch eine geheime Absicht, die gleichzeitig mit der normalen Botschaft gesendet wird.

Solche doppelten oder mehrfach wechselnden Signale können bewirken, dass Sie immer wieder irritiert sind und einfach keine Klarheit in eine Situation oder Beziehung bekommen. Falls Sie also feststellen, dass Sie »irgendwie« etwas ganz anderes empfangen, als die Worte sagen, vertrauen Sie Ihrer Wahrnehmung. Die Aufgabe für ein gutes Leben liegt dann darin, die wahre Botschaft herauszufinden.

Michelles Vorbereitung

Wenn Michelle im Bad stand und sich innerlich auf ein Date vorbereitete, sagte sie häufig zu ihrem Spiegelbild: »Mir geht's allein total gut. Ganz egal, ob das heute Abend etwas wird oder nicht.«

So gewappnet ging sie für gewöhnlich ruhiger und selbstbestimmter in die neue Begegnung. Doch obwohl es ihr an Kontakten nicht mangelte, kam lange Zeit keine nähere Beziehung mit einem Mann zustande, den Michelle als selbstsicher und ausgeglichen genug einstufte, um ein Partner zu werden. Männer, die sie als unsicher oder zu forsch empfand, zog sie hingegen häufiger an. Das ging einige Jahre lang so, machte Michelle immer hoffnungsloser und bestärkte sie letztlich in der Ansicht, dass sie als Single noch am besten dran war. Bis eines Abends eine entscheidende Erkenntnis die ganze Situation grundlegend veränderte.

Michelle stand nach einer weiteren, wenig erfüllenden Abendeinladung vor dem Spiegel, schminkte sich ab und dachte wieder einmal, dass es ihr eigentlich trotz allem ganz gut ging. Und plötzlich tauchte jene Frage auf, die sie sich bislang nie gestellt hatte:

»Was strahlt mein Herzmagnet aus, wenn ich als Vorbereitung auf ein Treffen denke, dass es mir eigentlich ganz gut geht, egal, was heute Abend passieren wird?«

Ihre innere Antwort kam sofort: »Mein Herzmagnet wird ausstrahlen: Erstens mache ich mit dir ein Date, weil ich Beziehung irgendwie interessant finde. Und zweitens brauche ich eigentlich keine Beziehung, denn mir geht's auch allein gut.«

Michelle wurde klar, dass jeder Mann auf der anderen Tischseite zwei komplett widersprüchliche Signale von ihr empfing, mit allen dazugehörigen Gefühlen. Selbst wenn jemand in Dates trainiert und in Konversation geübt war, konnte er den Widerspruch nicht auflösen.

Er würde sich fragen: »Soll ich mich nun öffnen und mehr Nähe suchen? Oder ist mehr Nähe eher unerwünscht? Wünscht sie sich, ein zufriedener Single zu bleiben? Oder wünscht sie sich eine Partnerschaft, die ihr Singleleben beendet? Was genau soll ich nun tun?«

Das war auch der Grund, warum manche Männer plötzlich allzu forsch auftraten. Sie versuchten, durch eine Art Ruck die Unsicherheit in der Situation zu beseitigen. Andere hingegen wurden unsicher, weil die doppelte Botschaft sie irritierte.

Als Michelle dies erkannte, wandelte sich ihre Einstellung zu Dates vollkommen. Sie beschloss, mehr Klarheit auszustrahlen. Dazu gehörte auch, sich nicht mehr einzureden, dass sie ihr Leben als unabhängiger Single völlig in Ordnung und vollständig fand und ihr das Ergebnis eines Dates letztlich nichts ausmachte. Denn ganz ehrlich gesehen, stimmte das nicht.

Stattdessen bekannte sich Michelle dazu, dass sie ein Leben zu zweit einem Leben als Single vorzog. Eine Tatsache, die sie künftig auch aussprach.

Dieses Eingeständnis richtete ihren Männermagnet von Grund auf neu aus.

Die Gespräche in den folgenden Dates wurden tiefer, ehrlicher und ruhiger. Sie zog Männer an, die an ernsthaften Beziehungen interessiert waren und dies ebenfalls äußerten.

Bald darauf lernte Michelle, seit Jahren zum ersten Mal wieder, einen Mann kennen, mit dem sie eine schöne und dauerhafte Beziehung einging.

Was bewirkt eine versteckte Botschaft?

- *Beim Sender* der versteckten Botschaft bewirkt seine eigene doppelte Absicht entweder eine innere Verwirrung: »Ich weiß selbst nicht so genau, warum ich dies so mache und was ich eigentlich wirklich will.« So ein innerer Konflikt kostet Kraft und Lebensfreude, denn man muss ihn ständig verwalten.
- Oder der Sender weiß um die Unsicherheit, die er mit seinen versteckten Botschaften auslöst, und verfolgt damit ein Ziel. Dann bewirkt dieses Verhalten ein Machtgefühl in ihm.
- *Beim Empfänger* der versteckten Botschaft lösen die ständigen Widersprüche Irritation, Unsicherheit, Unruhe, Verärgerung, Angst, Zurückhaltung, Rückzug und letztlich womöglich Beziehungsabbruch aus. Meist in dieser Reihenfolge.
- Eine versteckte Botschaft kann beim Empfänger auch Abhängigkeit zur Folge haben, wenn er glaubt, es wäre immer wieder seine Aufgabe, ein Stück mehr darüber herauszufinden, was der andere wirklich meint.

Eine schöne und zukunftsfähige Beziehung braucht immer beiderseitige Klarheit, Berechenbarkeit und Sicherheit. Abhängige Beziehungen hingegen bauen auf ständiger Unklarheit, Unberechenbarkeit und Unsicherheit auf.

Wie funktioniert eine versteckte Botschaft?

Frauen und Männer verstecken ihre Botschaften oft so grundlegend verschieden, dass es genau hier zu besonders folgenreichen Missverständnissen kommen kann.

Tendenziell eher weibliche Irrtümer über versteckte Botschaften in Liebesbeziehungen

Der »Wahre-Liebe-versteht-es-immer«-Irrtum
Egal, wie ich es ausdrücke – unklar ist es ihm nur, wenn er mich nicht liebt. Wenn er mich hingegen liebt, wird er meine versteckte Botschaft verstehen.

Der Augen-Ablese-Irrtum
Ich formuliere meine Botschaft nicht, weil ich keine Spannungen will. Aber ich denke sie ganz deutlich. Wenn er mich liebt, sollte er meine wahren Gedanken an den Augen ablesen können. Und an meinem Gesicht und daran, wie ich mich verhalte.

Der Gedankenlese-Irrtum
Ich formuliere es einmal ganz vorsichtig. Ich deute es nur an. So gut, wie er mich kennt, müsste er sich den Rest denken können. Ansonsten haben wir ein Problem mit seiner Liebe zu mir.

Der Retter-Irrtum
Ich sage einfach einmal »Ja«, auch wenn ich »Nein« meine. Wie unglücklich ich dabei bin, sollte er fühlen können. Wenn er mich liebt, wird er mich aus diesem Unglück retten und wird sagen: »Das sagst du nur aus Liebe zu mir.

Ich merke dir an, dass du es in Wahrheit anders willst. Um dir meine Liebe zu zeigen, machen wir es jetzt genau so, wie du es wirklich willst.«

Der Entschlüsselungs-Irrtum

Er sollte meine verschlüsselte Botschaft entschlüsseln können. Ich spreche einfach einmal über vergleichbare Fälle, dann fühlt er sich nicht unter Druck gesetzt. Wenn er entspannt bleiben kann, wird er das schätzen und mich lieben und erkennen, dass ich in Wahrheit etwas über uns sagen will.

Der Vorausahnungs-Irrtum

Er sollte meine Botschaft verstehen, noch ehe ich sie überhaupt sende. Warum muss ich es immer erst so deutlich sagen? Echte Liebe würde bedeuten, dass er meine Bedürfnisse schneller erkennt, als ich mir selbst darüber klar bin.

Wenn er mich liebt, wird er mich immer wieder überraschen. Wenn er mich nicht mehr überrascht, ist das ein Zeichen dafür, dass seine Liebe weniger geworden ist.

Ein Leitsatz des weiblichen Denkens lautet manchmal so:

»Je mehr ich bemerke, dass du dich bemühst, mich zu verstehen, umso begehrter und geliebter fühle ich mich.«

Und umgekehrt: »Wenn du dich nicht bemühst, mich zu verstehen, fühle ich mich nicht geliebt.«

Tendenziell eher männliche Irrtümer über versteckte Botschaften in Liebesbeziehungen

- Wenn sie »Ja« sagt, ist alles gut.
- Wenn sie lächelt, ist alles gut.
- Wenn sie sich umarmen lässt, ist alles gut.
- Wenn sie nichts sagt, hat sie auch nichts.
- Wenn ich auf genau das reagiere, was sie sagt, mache ich es am besten.
- Wenn ich ihr etwas spendiere und sie lacht, ist alles gut.
- Ich muss ihr ganz viel zustimmen, dann wird es wieder gut.
- Wenn ich etwas mache, was sie gesagt hat, ist alles gut.
- Wenn sie weint oder viele Gefühle hochkommen, liegt es an mir. Dann muss ich etwas tun.
- Wenn wir etwas besprochen haben, gilt es für beide, so lange bis wir wieder darüber sprechen und etwas anderes vereinbaren.
- Wenn ich etwas versprochen habe und es mache, ist es danach auch erledigt, sie ist zufrieden, und alles ist gut.

Ein verbreiteter Leitsatz männlichen Denkens lautet: »Sag mir bitte genau, was ich tun muss, damit es gut ist. Dann tue ich es, und danach will ich zur Belohnung bei diesem Thema meine Ruhe.«
Oder umgekehrt: »Wenn du keine Probleme äußerst, gibt es auch keine Probleme, und ich muss nichts tun.«

Beispiele für versteckte Botschaften

Die folgenden versteckten Botschaften kommen häufig vor:

- Doppel-Botschaften
- Widerspruch-Botschaften
- Zwei-Herzen-Botschaften
- Geister-Botschaften
- Testballon-Botschaften

Doppel-Botschaften und der Herzmagnet

Wenn Sie zu einem Thema gleichzeitig »Ja« und »Nein« sagen, denken, fühlen oder ausstrahlen, dann haben Sie eine Doppel-Botschaft.

Die Aussendung

Die Doppel-Botschaft sendet: »Ich will das eine. Aber ich will es auch nicht, sondern lieber das andere.«

Die gesprochenen Worte sagen zum Beispiel: »Natürlich will ich deine Nähe. Aber ich will sie nicht, wenn es zu viel wird. Denn ich brauche meine Freiheit.«

Die Wirkung auf den Herzmagneten

Doppel-Botschaften können alle Beteiligten innerlich zermahlen – und alle Lebensfreude und die Liebe noch dazu. Der Herzmagnet sendet zwei entgegengesetzte Signale gleichzeitig. Der Empfänger dieser Signale fühlt sich dadurch verunsichert. Als Folge davon verhält er sich auch unsicher und wird unberechenbar. Was dem Sender wiederum bestätigt, dass es gut war, vorsichtig zu sein. Und so dreht es sich im Kreis. Man zieht Menschen und Situationen an, in denen keine Sicherheit aufkommt.

Woher es kommt

Zu vielen wichtigen Dingen haben Sie sich schon früh im Leben eine Meinung gebildet. Zum Beispiel liebten Sie einen Elternteil für die eine Eigenschaft und lehnten ihn gleichzeitig für ein anderes Verhalten ab. Dabei begann zum ersten Mal das »Training« von Doppel-Botschaften. Das Kind signalisiert dem Erwachsenen »Ja« und denkt gleichzeitig »Nein«.

Später empfinden Sie ein bestimmtes Verhalten am Beziehungspartner vielleicht als bedrohlich und senden damit Ablehnung. Gleichzeitig suchen Sie Annäherung, weil Sie ihn mögen oder lieben.

Der Weg in die Freiheit

Für die Auflösung von Doppel-Botschaften geht es um die Erkenntnis, wo diese »Strategie der zwei Gesichter« zum ersten Mal entstanden ist. Warum war sie damals notwendig und vielleicht überlebenswichtig? Was aber bewirkt diese Strategie heute? Brauchen Sie die Strategie wirklich noch? Und falls ja, ist die Doppel-Botschaft noch immer das beste Mittel der Wahl?

Widerspruch-Botschaften und der Herzmagnet

Auch wenn Sie zwei eigentlich gute Dinge erreichen möchten, können sich diese Dinge dennoch gegenseitig ausschließen oder stören. In diesem Fall wirkt eine Widerspruch-Botschaft in Ihnen.

Die Aussendung

Während eine Doppel-Botschaft zwischen »Ja« und »Nein« wechselt, sendet eine Widerspruch-Botschaft: »Ich will das Eine. Plus gleichzeitig noch etwas anderes, das aber dem ersten widerspricht.«

Die Worte sagen zum Beispiel: »Ich hätte gerne einen Partner, der auch ein Stück Macho ist, weil ich das belebend finde. Aber natürlich ist mir noch wichtiger, dass er ein lieber, treuer, braver Mann ist, der nicht mit anderen Frauen herummacht, weil mir das Sicherheit gibt.«

Oder: »Ich möchte wirklich einen Partner für eine lange, stabile, gemeinsame Zukunft. Aber ohne mich zu stark zu binden, denn das engt mich ein.« Der Widerspruch darin: Sich zu einer langen, stabilen, gemeinsamen Zukunft zu bekennen, IST eine bewusste und tiefe Bindung und widerspricht dem gleichzeitigen Wunsch, sich nicht zu stark zu binden.

Die Wirkung auf den Herzmagneten

Geliebte Sicherheit und gleichzeitig riskantes Abenteuer. Verbundenheit fürs Leben, aber keine Festlegung. Der Herzmagnet sendet zwei deutliche Ziele, die aber in verschiedene Richtungen weisen. Damit ziehen Sie entweder abwechselnd die eine und dann die andere Situation an. Oder Sie ziehen Menschen an, die ebenfalls innerlich gespalten sind und deshalb nicht verbindlich wirken.

Woher es kommt

Widersprüchliche Wünsche entstehen, wenn man übersehen hat, genau zu prüfen, ob sie wirklich vereinbar sind. Gerade im zwischenmenschlichen Bereich erscheinen viele Ziele, Wünsche und Pläne auf den ersten Blick gar nicht widersprüchlich. So wie auch bei Jessicas Erlebnissen mit dominanten Männern im ersten Geheimnis erkennt man oft erst bei genauerem Hinsehen, dass man sich mit zwei Ideen gerade selbst blockiert.

Der Weg in die Freiheit

Die Wirkung von Widersprüchen verschwindet in dem Moment, in dem Sie erkennen, dass es Widersprüche sind, und Sie sich für eine Seite entscheiden. Eine hilfreiche Frage lautet: »Ist das wirklich miteinander vereinbar oder eher eine Fantasie?«

Die Zwei-Herzen-Botschaft und der Herzmagnet

»Ich kann und will mich einfach nicht entscheiden.« Dieser Zustand fühlt sich an, als hätten Sie zwei Herzen in einer Brust. Jedes liebt seine Sache, Person oder Situation so sehr, dass Sie am Ende nicht wissen, was Sie tun sollen.

Die Aussendung

Die Zwei-Herzen-Botschaft sendet: »Ich will ganz stark *keine Entscheidung* treffen. Ich will nichts von beidem loslassen.« Die gesprochenen Worte sagen: »Ich liebe das eine, und ich liebe das andere. Ich suche nach einem Weg und brauche Zeit.«

Die Wirkung auf den Herzmagneten

Der Herzmagnet sendet aus, nichts entscheiden zu wollen oder zu können. Zögern. Unsicherheit. Unklarheit. Verwirrung. Vielleicht ein Schmerz, weil so eine Situation manchmal leidvoll ist. Vielleicht das Gefühl von Verlust, falls man sich für eine der Varianten entscheidet. All das strahlt nach außen. Also könnten andere versuchen, eine Entscheidung zu erzwingen, indem sie den Druck erhöhen. Oder der Herzmagnet zieht an, was er ausstrahlt: Menschen mit Zögern, Unsicherheit und Verlustgefühlen.

Woher es kommt

Wenn eine Seele zwei Menschen oder Situationen gleichzeitig liebt, kann sie nichts davon loslassen, bis sie ihre Erfahrung mit einem oder einer der beiden vollendet hat. Das Zögern und Abwarten entspringt der Hoffnung, dass die Zeit oder die Umstände es entscheiden werden.

Der Weg in die Freiheit

Wenn zwei Herzen in einer Brust schlagen, kann man nicht einfach eines der Gefühle ausschalten, denn genau das ist ja das Problem. Wenn weder das eine noch das andere Gefühl stark genug für eine Entscheidung ist, könnte es daran liegen, dass beides nicht der Weg ist. Erforschen Sie die Idee einer ganz anderen Möglichkeit. Und erinnern Sie sich, dass die Seele Zeit braucht, um zu Ende zu fühlen, bis sie dann loslassen kann.

Geister-Botschaften und der Herzmagnet

Wenn Sie etwas sagen, das Sie in Wahrheit weder wirklich wollen, noch aus dem Herzen so meinen, senden Sie Botschaften, die so kraftlos und vergänglich sind wie ein Geist.

Die Aussendung

Die Geister-Botschaft sendet: »Ich will das, falls es nichts Besseres gibt. Aber vielleicht gibt es noch etwas anderes, und ich sollte warten.«
Die Worte sagen: »Ich bin voll dabei und genau dieser Meinung. Aber wenn nicht, dann ist es auch gut.«

Die Wirkung auf den Herzmagneten

Eine Geister-Botschaft ist halbherzig, dünn und flüchtig. Auch wenn man sie laut ausspricht, verschwindet sie kraftlos im Nichts, kaum dass man sie gesendet hat. Gleichzeitig wundert sich der Sender oft, warum seine Zustimmung letztlich nichts bewirkt. »Ich habe doch gesagt, dass ich es will.«
Jeder, der eine halbherzige Botschaft empfängt, wird zwei Dinge spüren: Sie ist kraftlos und sie ist ohne Bestand. Der Herzmagnet wird also entweder Menschen anziehen, die ebenso unverbindlich sind. Oder Menschen, die die schwachen Botschaften als Aufforderung ansehen, das Ruder über die Beziehung zu übernehmen.

Woher es kommt

Nicht jeder wurde zu Selbstbewusstsein und zum Recht auf eigene Meinung erzogen. Vielleicht lernten Sie, andere Menschen über sich und Ihre eigene Meinung zu stellen. Eine Haltung, die dazu führt, sich immer nur mit Vorsicht und Rückzugsmöglichkeit zu äußern.

Der Weg in die Freiheit

Wenn Sie von etwas nicht wirklich überzeugt sind, macht es keinen Sinn, selbstbewusster aufzutreten. Das würde nur den Abstand zwischen Ihrer Botschaft und Ihrer inneren Wahrheit vergrößern. Trauen Sie sich, eine andere Meinung zu haben und zu äußern. Auch keine Meinung zu etwas zu haben und dies im Moment so zu belassen, kann eine klare, kraftvolle und deutliche Botschaft sein.

Testballon-Botschaften und der Herzmagnet

Wenn Sie etwas bekunden, um zu prüfen, was es bewirken würde, um erst danach zu entscheiden, ob Sie es wirklich tun, starten Sie einen Testballon.

Die Aussendung

Die Testballon-Botschaft sendet: »Ich würde es vielleicht wollen, wenn ich zuvor sehen könnte, wohin es mich hinführt.«
Die gesprochenen Worte sagen: »Ja, natürlich will ich das! Fang du an.«

Die Wirkung auf den Herzmagneten

Testballon-Botschaften sind Aussagen ohne ein wirkliches Bekenntnis. Die Gefühle hinter den Worten stimmen nicht. Das verunsichert andere, und sie trauen sich ebenfalls nicht, ein fühlbares Bekenntnis zu erschaffen. Der Herzmagnet zieht dann unverbindliche Situationen an oder misstrauische Menschen, die Angst haben, sich einzulassen.

Woher es kommt

Kein Mensch geht wirklich gerne Risiken ein, wenn es Verletzungen zur Folge haben könnte. Der Testballon-Starter will gefahrlos wissen, was geschehen würde, wenn er dies oder das sagt oder tut. Er verlagert die Verantwortung auf den anderen. Dieser muss nun einen Test bestehen oder als Erster eine sichere Aussage machen. Doch auch er wird vorsichtig sein. Und plötzlich testen beide aneinander aus, wie sie theoretisch reagieren würden.

Der Weg in die Freiheit

Holen Sie die Verantwortung für Ihr Bekenntnis zu sich zurück. Es ist egal, wie andere darüber urteilen würden. Sie sagen das, was der Wahrheit Ihres Herzens entspricht. Falls Sie sich mit einem Bekenntnis nicht unter die Kontrolle des anderen begeben möchten, könnte der neue Gedanke lauten: »Ich bekenne mich ja nicht zu jemandem, sondern zu etwas. Zu einer Art von Beziehung oder Leben oder zu Werten. Grundsätzlich. Und falls der Mensch vor mir das gut findet, wird es uns vielleicht zusammen erfüllen.«

Der magische Moment, in dem sich eine versteckte Botschaft zeigt

Ob Sie ungewollt eine versteckte Botschaft parallel zu Ihrer Hauptbotschaft aussenden, offenbart sich in folgenden Situationen:

- Der andere wirkt immer wieder irritiert oder fragt nach. Typische Fragen wären: »Was willst du denn nun eigentlich? Ich weiß nicht, was ich noch tun soll. Bitte sage mir, wie du es dir vorstellst. Was ist denn deine Idee von der Zukunft? Ich verstehe einfach nicht, was an mir so falsch ist …«
- Sie empfinden den anderen als unsicher in seinem Verhalten Ihnen gegenüber.
- Sie bekommen Unklarheit vorgeworfen, obwohl Sie sich eigentlich klar fühlen.
- Es kommt eine seltsame Spannung auf, obwohl man freundlich weiter kommuniziert.
- Es wirkt plötzlich oberflächlich.
- Diskussionen werden häufiger und drehen sich dabei im Kreis. Es kommt aber zu keiner Erlösung des Themas.
- Sie selbst sind in einem Gefühlsbad hin- und hergerissen.
- Der andere verhält sich aus Ihrer Sicht unentschlossen oder doppeldeutig.
- Eine ersehnte Entscheidung zieht sich immer wieder hin, oft mit scheinbar guten und nachvollziehbaren Gründen im Außen.
- Es geschieht einfach nicht das, was Ihre Botschaften bewirken sollen.

Einfach gesagt: Wenn verborgene Botschaften am Werk sind, herrscht bei einem oder beiden Beteiligten Irritation.

Geraldine im Café

Geraldine ist Mitte dreißig und betreibt ihre Partnersuche seit langem auch per Internet. Inzwischen hat sie drei verschiedene Apps auf ihrem Smartphone und kann von sich behaupten, eine gute Quote für echte Dates zu erreichen.
Auch wenn es in manchen Fällen zu zweiten und in wenigen sogar zu dritten Dates kam, hat Geraldine noch nicht den Mann fürs Leben gefunden. Was sie inzwischen auch gerne zu Beginn eines Dates einflicht. Wenn ihr Gegenüber sich dann ebenso öffnet, empfindet Geraldine ein spontanes Gefühl von Gemeinsamkeit und gegenseitigem Verständnis. Genau dieses Gefühl ist ein Teil von dem, was sie sich von einer Beziehung erhofft.
Wieder einmal hatte sie mit einem Mann ein Treffen in einem Café vereinbart. Georg war nach den Angaben seines Onlineprofils zwei Jahre älter als Geraldine, ledig und hatte keine Kinder. Als Geraldine das gut besetzte Café betrat, fand sie ihren Dating-Partner mit geübtem Blick innerhalb weniger Sekunden. Ein gut aussehender, freundlich wirkender Mann, blond, mit einer modischen Brille, gepflegten Jeans und einem hellen Sakko. Sie winkte mit einer schnellen Geste hinüber und steuerte zu seinem Tisch.
»Hi, wie schön, dass es geklappt hat«, sagte sie, während sich beide rechts und links kleine Küsschen auf die Wange gaben. Er roch angenehm.
Auf dem Tisch lag eine rote Rose. Geraldine hatte schon viele Blumen bekommen. Manchmal auch eine kleine Süßigkeit, eine Karte mit einem Sinnspruch und einmal sogar einen Ring, den sie natürlich abgelehnt hatte.
Georg bestellte zwei Cappuccini und ein paar Gebäckstücke. Während sie darauf warteten, kam das Gespräch langsam in Gang. Geraldine erkundigte sich,

wie lange Georg schon Mitglied der Partnerbörse sei und welche Erfahrungen er damit gemacht habe.

Er sagte, dass er erst seit wenigen Wochen suche, da er neu in die Stadt gezogen sei und in den letzten zwei Jahren keine Beziehung am früheren Ort zustandegekommen wäre.

Geraldine nickte verständnisvoll.

»Geht mir genauso«, sagte sie. »Das Netz ist wirklich voll von Leuten, die gar nicht wirklich einen Partner suchen.«

Georg öffnete sein Zuckertütchen, ließ die süßen Körnchen in den Cappuccino rieseln und nickte.

»Ich suche schon ziemlich lange«, fuhr Geraldine fort. »Aber ich finde ihn einfach nicht. Manchmal denke ich, ob ich zu anspruchsvoll bin oder ob ich vielleicht gar keine feste Beziehung haben will. Es gibt so viel Angebot, aber ich suche eben den wirklich Richtigen.«

Was Geraldine nicht bemerkte, war, dass Georg, während er dies hörte und weiter den Zucker umrührte, jede Hoffnung verließ. In seiner Welt war die Chance, bei Geraldine einen positiven Eindruck zu erzeugen, soeben auf Null gesunken. ›Denn‹, so dachte er, ›wenn sie mich als den Richtigen in Erwägung ziehen würde, hätte sie niemals gesagt, dass der Richtige bislang nicht dabei war. Schließlich sitze ich ja gerade vor ihr.‹

Ab da verlief das Gespräch spürbar distanziert, und Geraldine fühlte sich in ihrer Erfahrung bestätigt, dass der Richtige unter all den frustrierten Männern auf dem Beziehungsmarkt schwer zu finden war.

Als Georg später auf das Date zurückblickte, konnte er sich nicht mehr an viel erinnern. Nur an seinen Schock, abgelehnt zu werden, und wie er ständig daran dachte, halbwegs höflich und dennoch zügig das Café zu verlassen. Er machte sich Vorwürfe, ob er mit der Rose zu weit gegangen war, ob er vielleicht altmodisch erschien oder ob an seinem Aussehen etwas nicht stimmte. Er fragte sich, wie es sein konnte, dass eine Frau ihm innerhalb von vier Minuten zu verstehen gab, dass er der Falsche war.

Georg beschloss, beim nächsten Date selbst offensiver zu sein. Vielleicht würde er gleich zu Beginn von diesem traumatisierenden Date berichten. Gewissermaßen als Vorbeugung, damit die nächste Frau gar nicht erst auf die Idee kam, dasselbe zu machen.

Was ihm nicht auffiel, war, dass er sich genau damit selbst in die Reihe der Menschen mit widersprüchlichen Botschaften einreihte.

Wie man etwas sagt, was man gar nicht sagen will

Wenn Geraldine von schlechten Dating-Erfahrungen berichtet, während sie gerade ein Date hat, das zu etwas Gutem führen soll, erzeugt sie für Georg eine irritierende Botschaft.

Dennoch ist es zunächst einmal verständlich. Zu Beginn einer Begegnung möchte man Vertrauen schaffen. Weil Vertrauen mit Gemeinsamkeiten zu tun hat, liegt es nahe, sich über Erfahrungen auszutauschen, die der andere vielleicht ebenfalls gemacht hat.

Wie Sie in der Geschichte gesehen haben, kann dies jedoch zu Verwirrung führen. Der Grund liegt darin, dass die Chance für einen Zauber zerstört wird, wenn man über die Bestandteile des Zaubers diskutiert. Weil schöne Beziehungen fast immer mit einem gewissen Zauber beginnen und nicht mit einer Analyse, ist es überlegenswert, gerade zu Beginn nicht über negative Beziehungserfahrungen zu sprechen.

Wenn zwei sich unbekannte Menschen die Situation analysieren, in der sie sich gerade gemeinsam befinden, könnte das die spielerische und freie Begegnung zweier Herzen erschweren.

Wenn Sie schlechte Erfahrungen haben,
sprechen Sie nicht viel über schlechte Erfahrungen.
Dann ziehen Sie weniger Menschen an,
die ebenfalls über schlechte Erfahrungen sprechen.

Die Befreiung Ihres Herzmagneten von der Wirkung versteckter Botschaften

Versteckt in klar verwandeln

Versteckte Botschaften leben davon, dass man sie weiterhin versteckt hält, vielleicht weil man unsicher ist, aber die Unsicherheit nicht zugeben kann. Sagen Sie zum Beispiel »Kann schon sein, tja, wer weiß, wollen wir mal sehen«, entsteht Verwirrung. Würden Sie hingegen sagen: »Ab hier bin ich unsicher und möchte kein Durcheinander erzeugen«, wäre das eine klare Botschaft. Sobald der andere nicht rätseln muss, woran er gerade ist, haben Sie Klarheit erschaffen. Nicht nur für den anderen, sondern vor allem für Ihren eigenen Herzmagneten.

Mehrdeutigkeit nicht stehen lassen

Falls Sie unsicher sind, welches Spiel gerade abläuft, erwähnen Sie das auf eine achtsame Art. Sagen Sie, dass Sie gerade im Zweifel sind, ob Sie es richtig verstehen. Sagen Sie, dass Sie Klarheit und Offenheit schätzen, damit es Ihnen und allen anderen gut geht. Sagen Sie, was Sie wirklich gut finden würden. Senden Sie selbst klare Botschaften, so haben Sie immer das gute Gefühl, nicht selbst zu einer Verwirrung beigetragen zu haben.

Die klarste Botschaft gewinnt

Botschaften aus dem Unterbewusstsein – auch eigene – können Sie oft nicht gut verändern, weil Sie gar nicht wissen, dass Sie diese im Hintergrund mitsenden. Doch – wie bei einem Konzert – erzeugt ein falsch spielendes, sehr leises Instrument kaum Störungen, wenn alle anderen Instrumente dafür deutlich und kraftvoll zusammenspielen.

Sie können mit Ihren Worten und in Ihrem Verhalten deutlich und verbindlich sein. Überlegen Sie vorher, bis wohin Sie ganz klar sein können. Dann kommunizieren Sie dies auch. Sobald Sie nicht mehr klar »Ja« oder »Nein« sagen können, sagen Sie das ebenfalls.

Nutzen Sie klare Worte

Verborgene Botschaften wollen für Rätselraten sorgen. Beenden Sie das. Sprechen Sie die Situation möglichst eindeutig aus.

Ein großes Thema für das Zusammenpassen in einer Beziehung ist der Grad an Verbundenheit und Freiheit, den jeder liebt. Finden Sie dafür ein bildhaftes Beispiel, so kann der andere deutlich erkennen, ob Sie zu ihm passen. Zudem wirkt diese Geschichte auch als Magnet in Ihrem Herzen.

»Ich bin ein Mensch, der es liebt, mit seinem Partner eng verbunden zu leben. Ich könnte tagsüber ein Café mit meinem Liebsten führen und abends mit ihm ausgehen und mich dann freuen, dass er nachts neben mir liegt. Das finde ich toll.«

So schaffen Sie viel Klarheit bei einem wichtigen Thema und würden Ihren Herzmagneten deutlich auf Menschen ausrichten, die das ebenso empfinden. Oder Sie sagen: »Ich finde es wundervoll, zusammenzuwohnen, weil ich gerne teile. Gleichzeitig finde ich es schön, wenn jeder vielleicht zur Hälfte seine eigenen Sachen macht und man zur anderen Hälfte gemeinsame Zeit verbringt.«

So würde Ihr Herzmagnet keine Partner anziehen, die sich ständige Nähe ersehnen, aber auch keine, die nur eine Wochenendbeziehung wollen. Insgesamt macht es wenig Sinn, grundlegende Werte offenzulassen oder in Rätsel zu verpacken. Sie erschaffen damit nur eine Bühne für Beziehungsdramen und verlieren letztlich Ihre kostbare Lebenszeit.

Selbst eine Entscheidung treffen

Falls es einmal einfach nicht klarer werden will, lassen Sie sich nicht auf weitere Deutungen und Zweifel ein. Versteckte Botschaften wollen genau das: Sie in der Schwebe halten. Treffen Sie stattdessen eine Entscheidung darüber, wie Sie sich ab jetzt verhalten werden. Einer muss anfangen. Das veranlasst den anderen vielleicht dazu, ebenfalls auf den Punkt zu kommen.

Verborgene Botschaften können nur so lange ihre unerwünschte Wirkung ausüben, wie Sie die Verborgenheit nicht sehen oder sie tolerieren oder unterstützen.

Wie Sie versteckte Doppelwirkungen beseitigen

Etwas, das Sie erleben, weil Sie es tatsächlich tun, hat eine stärkere Wirkung als reine Gedanken und Beschlüsse. Diese Tatsache können Sie auch beim Thema der versteckten Botschaften nutzen. Stellen Sie sich vor, die beiden folgenden Botschaften wären Teil Ihres Herzmagneten.

Botschaft 1: »Ich würde schon mit ihm/ihr zusammenleben wollen.«

Botschaft 2: »Es wäre mir vielleicht zu viel, mit ihm/ihr zusammenzuleben.«

Würden Sie mit diesen beiden aktiven Gedanken eine Beziehung führen, so käme es wahrscheinlich ständig zu Reibung, Druck und unglücklichen Momenten. Ihr Beziehungspartner würde Klarheit einfordern, oder er würde – nach dem Magnetprinzip – selbst keine Klarheit haben, wozu er sich bekennt. Letztlich wäre dieser Schwebezustand wahrscheinlich nicht das, was Sie sich im Herzen wünschen. Die Wirkungen solcher Botschaften können Sie auflösen, indem Sie zwei Dinge tun.

Schritt 1: Die Botschaft tatsächlich sichtbar zu machen, beseitigt das »Versteckte« an ihrer Wirkung

Machen Sie zuerst beide Botschaften zu einem Thema sichtbar. Schreiben Sie dazu jede verborgene Botschaft jeweils auf einen Zettel. Als wären es zwei echte Nachrichten, die Sie tatsächlich jemandem schicken. Sie könnten nun sagen, dass Sie es ja wissen und nicht aufzuschreiben brauchen. Doch Ihr Unterbewusstsein weiß nur, was es erlebt, und nicht, was Sie sich denken. Sehen Sie sich nun beide Botschaften nebeneinander an. Was dort vor Ihnen liegt, ist genau das, was Ihr Magnet im Moment macht. Stellen Sie sich vor, jemand würde beide Briefe am selben Tag in seinem Briefkasten vorfinden. Ihr Unterbewusstsein sieht jetzt schwarz auf weiß, dass aus diesem Zustand letztlich nur Probleme entstehen können.

Schritt 2: Eine Entscheidung zu finden, beseitigt die Doppelwirkungen

Wenn es besser werden soll, muss einer der beiden Zettel weg. Ganz gleich welcher. Räumen Sie die Botschaften nicht vom Tisch, nur weil es Ihnen nicht gelingt, sich zu entscheiden. Genau dieses Sich-nicht-entscheiden-Wollen ist es, was Ihr Unterbewusstsein schon die ganze Zeit macht.

Die beiden Zettel auf dem Tisch gehören gerade zu den wichtigsten Dingen in Ihrem Leben. Nehmen Sie sich vor: »Wenn ich morgen Abend auf meinen Tisch blicke, wird dort nur noch eine Botschaft liegen. Die andere wird sich als Asche in einer Schale daneben befinden.«

Ihre einzige Aufgabe ist es nun, einen der beiden Zettel zu verbrennen. Vielleicht fällt Ihnen mitten in der kommenden schlaflosen Nacht ein, welcher es sein muss. Dann war diese Nacht ein guter Einsatz. Klarer können Sie es nicht auf den Punkt bringen.

Das Verbrennen der Botschaft, die Sie nicht mehr senden wollen, ist ein deutliches Erlebnis, an das sich jede Zelle in Ihnen für immer erinnern wird.

Falls jemand anders versteckte Botschaften sendet

Falls der andere doppelte Botschaften sendet, sprechen Sie genau das an. Vielleicht schreiben Sie es für ihn auf zwei Zettel, sodass auch er es vor sich sehen und Ihren Konflikt verstehen kann. »Sieh mal hier: Das kommt bei mir dauernd an. Das verwirrt mich.« Fragen Sie, woher diese vielleicht ungewollte Doppelwirkung kommen könnte. Erinnern Sie ihn daran, dass sich eine Beziehung nicht gut entwickeln kann, solange sie zwischen versteckten Botschaften hin- und hergerissen wird.

Versteckte Botschaften: Grund und Sinn

Grund

- Ein Grund, warum Menschen versteckte Botschaften senden, ist die Angst, dass zum Beispiel die persönliche Grenze überschritten werden könnte, falls nur noch eine statt zwei Botschaften gesendet wird. So wie bei einer »Komm-her-geh-weg«-Botschaft, falls nur noch »Komm her« gesendet würde.
- Der Urgrund liegt entweder in einer alten Angst, zum Beispiel der Angst, die Kontrolle zu verlieren, oder in einer bewährten Strategie, um ein Ziel zu erreichen.

Sinn

- Für den Empfänger einer versteckten Botschaft liegt der Sinn darin, die Wahrheit zu verstehen, warum sein Gegenüber nicht offen kommunizieren kann oder will. Genau dieses Verstehen kann Verbundenheit und Wachstum erschaffen.
- Für den Sender liegt der tiefe Sinn verborgener Botschaften darin, über genau jene innere Angstschwelle zu gehen, die bislang eine offene Botschaft verhinderte. Das kann ebenfalls ein großer Wachstumsschritt sein.
- Auf Dauer gesehen liegt der Sinn verborgener Botschaften für alle Beteiligten nicht darin, sie weiterhin zu senden und zu entschlüsseln, sondern darin, sie überflüssig werden zu lassen.

Erlebtes Wissen zum sechsten Geheimnis

- Erinnern Sie sich an Situationen, in denen Sie sich nicht trauten zu sagen, was Sie in Wahrheit fühlten. War es rückblickend richtig? Oder wäre eine einzelne klare Botschaft besser gewesen?
- Wie ist es, zwischen zwei Botschaften hin- und hergerissen zu sein? Was erzeugt diese Zerrissenheit in der Beziehung? Was in Ihnen selbst?
- Was wäre, wenn das Thema plötzlich für alle endlich klar wäre – ohne doppelte Böden, ohne Wenn und Aber, ohne geheimen Plan?

Wie Sie Ihren Magneten neu ausrichten

- Ihr Wissen um die Wirkung und Beschaffenheit versteckter Botschaften verändert Ihren Herzmagneten bereits von selbst. Weil Sie es erkennen, wenn es auftaucht, und nicht mehr unbewusst weiter zulassen.
- Falls Sie bemerken, dass eine Kompliziertheit die Kontrolle über die Beziehung übernommen hat, holen Sie sich die Kontrolle zurück. Eine einfache und klare Botschaft ist hierfür der Schlüssel.
- Ich möchte erkennbar sein, darum erkläre ich gerne, wie ich gebaut bin. Das könnte eine gute Grundhaltung sein.

Geheimnisse des Herzens

Ein Geheimnis
ist in Ihrem Herzen gut aufgehoben.

Bis zu dem Tag, an dem Sie es brauchen,
um jemandem nahe zu sein.

Dann will es befreit werden
und Sie miteinander verbinden.

Zu Beginn finden Sie einen Menschen vielleicht genau deshalb attraktiv, weil Sie nicht alles von ihm wissen. Er ist eine Art Schatzhöhle, deren Eingang und deren Wunder Sie Stück für Stück entdecken wollen. Das macht Ihre Begegnungen so spannend, lebendig und anziehend.

Wenn Sie mit diesem Menschen eines Tages eine Partnerschaft leben, ändert sich Ihre Einstellung bezüglich seiner Rätselhaftigkeit vielleicht. Statt Geheimnissen möchten Sie nun keine Geheimnisse mehr, denn gute Partnerschaft beruht auf Gefühlen von Sicherheit, und dafür braucht es Berechenbarkeit.

Sie selbst hingegen könnten sich bedrängt fühlen, wenn der andere zu schnell nach Ihren geheimsten Gedanken bohrt. Sie müssten sich dann schützen, doch Schutz in einer Beziehung ist keine Freude.

Obwohl Sie selbst also nicht alle Ihre Geheimnisse hergeben möchten, würden Sie die von Ihrem Partner vielleicht gerne kennen. Bezüglich seiner allergeheimsten Gedanken, Vorlieben oder Erlebnisse allerdings wären Sie vielleicht ein wenig froh, wenn er sie für sich behält.

Das ganze Thema mit den Geheimnissen hat also verschiedene und manchmal sogar gegensätzliche Auswirkungen. Die Entscheidung, was man wem wann mitteilt oder nicht, kann Unsicherheit bereiten. Sicher hingegen ist, dass der Umgang mit Geheimnissen und Offenbarungen sehr deutlich den Verlauf Ihrer Beziehungen mitbestimmt. Ihre Entscheidungen dazu sind also immer Entscheidungen, die auch die Wirkung Ihres Herzmagneten betreffen.

Hannahs Geheimnis

Hannah und Nicklas lernten sich online kennen. Obwohl Nicklas eigentlich nicht gerne chattete, machte ihm der Austausch mit Hannah von Beginn an Spaß. Hannah schien es ähnlich zu gehen.

Nach zwei Wochen trafen sie sich zu einem nachmittäglichen Date in einem Café. Nicklas war von Hannah sofort verzaubert, und sie vereinbarten, sich wiederzusehen. Einige Tage später verbrachten sie einen Nachmittag am See. Sie fuhren Ruderboot, redeten viel und kamen sich näher. Nicklas stellte fest, dass Hannah nicht nur sehr hübsch, sondern auch humorvoll und ganz auf seiner Wellenlänge war.

Sie war ebenso naturbegeistert wie er, und so fuhren sie bei ihrem dritten Treffen zum Wandern in die Berge. Den ganzen Tag wartete Nicklas auf eine Gelegenheit, ihr auch körperlich ein wenig näherzukommen, aber irgendwie ergab es sich einfach nicht. Obwohl auch dieser Tag gut verlaufen war, konnte sich Nicklas auch am Abend noch immer keinen Reim auf Hannahs Verhalten machen. Mochte sie ihn nun oder nicht?

»Hast du vielleicht noch Lust, dass wir uns zusammen ein Abendessen machen?«, fragte er auf dem Heimweg im Auto. »Meine Kochkünste sind legendär, solange es bei den drei Nudelgerichten bleibt, die ich kann.«

Er sah aus dem Augenwinkel, dass Hannah lächelte.

»Das ist wirklich lieb von dir«, sagte sie. »Nur geht es heute leider nicht. Aber ich habe nächstes Wochenende Geburtstag. Möchtest du kommen?«

»Gerne«, sagte Nicklas. Er hielt einen Moment inne und fragte dann: »Kommen auch andere?«

»Ja«, sagte sie. »Ich mache eine kleine Party.«

»Gut«, sagte Nicklas. »Danke für die Einladung.«
Er setzte Hannah vor ihrer Wohnung ab. Auf dem Heimweg überlegte er, was diese ganze Angelegenheit bedeuten sollte. Statt ihm näherzukommen, hielt Hannah ihn auf Abstand. Aber sie beendete ihren Kontakt auch nicht, sondern lud ihn zu sich ein. Aber eben auf eine Party mit anderen Leuten.
Nicklas verspürte überhaupt keine Lust, dort hinzugehen, aber er hatte zugesagt und gehörte zu dem Typ Mann, der sich an sein Wort hielt. Also überlegte er, worüber Hannah sich freuen würde, und besorgte schließlich ein Geschenk, das gut zu ihrem afrikanisch angehauchten Einrichtungsstil passte, zumindest soweit er es auf ihren Fotos erkannt hatte.
Am folgenden Samstag um achtzehn Uhr stellte er sein Auto vor dem Haus ab, in dem Hannah ihre Wohnung hatte. Er nahm sein Geschenk, ging zur Tür, suchte ihren Namen und klingelte. Schon während er den Knopf drückte, überkam ihn ein mulmiges Gefühl im Bauch. Er klingelte ein zweites Mal. Schließlich gab der Summer das Türschloss frei.
Im Treppenhaus roch es nach altem Holz und Bohnerwachs. Abgesehen von einem Fernseher, der irgendwo leise Nachrichten wiedergab, war es still. Nicklas hätte erwartet, wenigstens Musik oder ein paar Stimmen zu hören, wie es eben normal war, wenn Leute für eine Party warm liefen.
Es waren nur noch wenige Stufen bis zum zweiten Stock, als eine Tür aufging. Hannah kam heraus, in Hausschuhen und Jogginganzug. Jetzt wusste er sicher, dass etwas falsch gelaufen war. So zog sich niemand an, wenn er eine Party gab. Nicklas blieb wie angewurzelt stehen und starrte nach oben.
»Was machst du denn hier?«, fragte Hannah.
»Mein Fehler«, sagte Nicklas. »Ich dachte, du hast heute Geburtstag.«
Er hob sein Geschenk ein wenig in die Höhe.
»Der ist erst morgen«, sagte Hannah in einem Tonfall, als hätte es das Wandern und die beiden vorherigen gemeinsamen Tage nie gegeben.

»Entschuldigung«, sagte Nicklas. »Das habe ich falsch verstanden.«

»Ja«, sagte sie.

»Dann gehe ich jetzt wieder«, sagte Nicklas. »Und wir sehen uns morgen.«

»Gut, in Ordnung«, sagte sie.

Nicklas drehte die Schachtel mit dem bunten Papier voller Giraffen und Zebras in seinen Händen. Er wollte sie plötzlich einfach nur los sein.

»Kann ich vielleicht mein Geschenk hier lassen? Dann muss ich es nicht wieder mit nach Hause nehmen.«

»Ja, natürlich«, sagte sie.

Sie kam ihm ein paar Stufen entgegen, nahm ihm sein Mitbringsel ab und ging schnell zurück zu ihrer Tür.

»Also dann«, sagte Nicklas und winkte.

»Ja, bis dann«, sagte Hannah. Sie lächelte etwas gequält, winkte noch einmal und verschwand dann in ihrer Wohnung.

Auf dem Heimweg beschloss Nicklas, dass er sie nicht wiedersehen wollte. Hannahs ganzes Verhalten hatte gewirkt, als hätte sie jemanden in ihrer Wohnung gehabt. Doch selbst falls nicht, war da so viel Ablehnung, und Nicklas verstand nicht, was er falsch gemacht haben sollte, außer den Tag zu verwechseln.

Während er langsam durch die Dunkelheit nach Hause fuhr, wälzte er in Gedanken immer wieder die seltsame Szene hin und her. Als er gerade angekommen war, läutete sein Handy. Es war Hannah.

»Es tut mir leid, was gerade passiert ist«, sagte sie. »Möchtest du noch mal kommen?«

»Eher nicht«, sagte Nicklas.

»Bitte«, sagte Hannah.

»Ich kann so etwas nicht«, sagte Nicklas.

»Es tut mir so leid. Bitte komm zurück.«

Schließlich stimmte Nicklas zu und fuhr zurück zu Hannahs Wohnung.

»Hannah, ich verstehe nicht, was du mit mir machst«, sagte er, als er in ihrem Wohnzimmer Platz genommen hatte. »Ich bin ein aufrichtiger, achtsamer Mensch und wollte dich wirklich nicht bedrängen.«

»Ja, das bist du«, sagte Hannah. »Es liegt nicht an dir.«

»An was denn sonst?«

»Das kann ich dir nicht sagen.«

»Und warum nicht, wenn es doch nicht an mir liegt?«

»Weil wir uns kaum kennen«, sagte Hannah.

»Wir waren drei Mal zusammen unterwegs, wir hatten Spaß, haben gelacht und haben so viele Gemeinsamkeiten. Ich für meinen Teil fand es wundervoll und dachte, es hätte dir auch gefallen.«

»Hat es ja auch«, sagte sie. »Es war sehr schön.«

»Aber irgendwas stimmt trotzdem nicht«, sagte Nicklas. »Irgendwie ist da eine unsichtbare Mauer und ich weiß nicht, was ich tun soll. Ich bin kein Typ, der gut angeben kann oder supertolle Sachen macht, um dich zu erobern.«

»Das will ich ja auch gar nicht.«

»Aber warum warst du dann im Treppenhaus so ablehnend?«

Es folgte eine lange Pause.

»Ich hatte ein schreckliches Erlebnis mit meinem letzten Partner«, sagte Hannah schließlich.

Nicklas entgegnete nichts, weil er bemerkt hatte, dass sie Tränen in den Augen hatte.

»Wir waren vier Jahre zusammen gewesen«, fuhr sie fort. »Im Laufe der Zeit hatte er immer mehr an mir auszusetzen. Er wurde ständig wütend und schließlich auch gewalttätig. Am Ende musste ich die Polizei rufen.«

»Oh, mein Gott, das tut mir leid«, sagte Nicklas.

»Aber das war noch nicht alles«, sagte Hannah. »Er ließ mich auch nach der Trennung einfach nicht in Ruhe. Erst rief er ständig an und bombardierte mein

Handy mit Nachrichten. Ich legte mir eine neue Nummer zu. Aber er ließ mich trotzdem nicht in Ruhe. Eines Abends sah ich zufällig aus dem Fenster und erkannte ihn auf der Straßenseite gegenüber. Er beobachtete meine Wohnung. Ständig waren Briefe in meinem Briefkasten oder irgendwelche Geschenke vor meiner Wohnung. Ich sah immer erst durch den Spion, ehe ich mich ins Treppenhaus traute. Es war ein einziger Albtraum.«

»Und dann stehe ich mit meinem Geschenk unangekündigt in deinem Treppenhaus …«, sagte Nicklas.

»Du kannst ja nichts dafür«, sagte sie und putzte sich die Nase.

»Aber jetzt verstehe ich das alles«, sagte Nicklas. »Es tut mir so unendlich leid für dich.«

Er machte eine intuitive Bewegung, um sie zu umarmen, ließ es dann aber wieder. Sie bemerkte es und machte einen Schritt auf ihn zu.

»Bitte umarme mich«, sagte sie leise.

Nicklas umarmte sie, erst zögerlich, dann fester. Hannah umarmte ihn zurück. So standen beide still aneinander geschmiegt und spürten den anderen.

»Du bist ein guter Mann«, sagte Hannah irgendwann. »Ich mag dich sehr. Ich will nicht, dass du gehst.«

»Ich kann bleiben«, sagte Nicklas.

Er blieb. Die beiden sind inzwischen vier Jahre zusammen, und Hannah erwartet eine Tochter.

Was ist ein Geheimnis des Herzens?

Ein Herzens-Geheimnis ist ein Erlebnis, eine Tatsache oder eine Sehnsucht, die man nicht mit jedem teilt, weil man befürchtet, es könnte dadurch womöglich etwas gefährdet oder zerstört werden. Herzens-Geheimnisse haben eine gefühlt hohe Bedeutung, weshalb man sorgfältig abwägt, was man wann preisgibt.
Fast jeder Mensch birgt solche Geheimnisse in sich. Nicht immer aus einer freien Wahl heraus, sondern manchmal auch, weil ihn etwas dazu zwingt.

Geheimnisse und mögliche unerwünschte Wirkungen auf Ihren Herzmagneten

Geheimnisse erschaffen Verwirrung

In Hannahs Fall hätte die Konfusion, die ihr Geheimnis bei Nicklas erzeugte, fast die Liebe ihres Lebens verhindert.
Sie selbst bemerken die Auswirkungen Ihres Herzens-Geheimnisses vielleicht kaum, denn Sie wissen ja, warum Sie sich so verhalten. Der andere hingegen ahnt von alldem nichts. Er bemerkt nur, dass in der Beziehung etwas seltsam, unklar oder sprunghaft abläuft. Also sucht er nach Erklärungen. Er könnte glauben, etwas falsch zu machen, oder er reimt sich Dinge zusammen und rätselt herum, was er tun soll. Als Folge davon wird er unsicher oder fordernd oder ungehalten oder traurig. Auf jeden Fall kann er sich Ihnen kaum noch so zeigen, wie er wirklich ist. Und damit ist eine Beziehung mit offenen Herzen nicht mehr möglich.

Falls Ihnen auffällt, dass mögliche Beziehungspartner sich Ihnen gegenüber seltsam verhalten, wäre es eine gute Frage, ob etwas in Ihrem Herzmagneten Unklarheit beim anderen erschafft. Vielleicht erzeugt das, was Sie verbergen, eine Kraft, die Ihren wahren Absichten entgegenwirkt.

Wenn Ihnen jemand am Herzen liegt
und er sich unsicher oder verwirrt verhält,
liegt die Befreiung darin, dass Sie
ihm Sicherheit und Klarheit geben.

Geheimnisse wirken magnetisch

Wenn Ihnen etwas Ungutes widerfahren ist, beschließen Sie vielleicht, es geheimzuhalten. Sie möchten, dass es nicht nach außen strahlt, von niemandem bemerkt wird und nie wieder passiert. Diese starke Konzentration auf das Thema könnte jedoch einen Magneten erschaffen, der Personen anzieht, die eine Verbindung zu diesem Thema spüren. Das wiederum müssten Sie dann abwehren. Manche Menschen versuchen, diesen Zusammenhang zu löschen, indem sie ihr Geheimnis früh berichten, statt es geheimzuhalten. Doch auch damit verbreitet es seine Wirkung auf den anderen. Wirklich unmagnetisch wird eine vergangene Geschichte erst, wenn sie Ihnen persönlich egal ist. Vielleicht, weil Sie beschließen, dass Sie ab jetzt Wichtigeres vorhaben. Sollte irgendwann dennoch der Moment kommen, in dem es richtig ist, darüber zu sprechen, haben Sie eine Möglichkeit für Vertrautheit und Nähe, ohne dabei eine neue Wichtigkeit des Themas zu erzeugen.

*Ein Geheimnis wirkt umso stärker magnetisch,
je mehr Bedeutung Sie ihm geben.
Je geheimer Sie es machen,
umso mehr laden Sie es auf.*

Geheimnisse erschaffen getrennte Welten

Mit einem nicht geteilten Geheimnis grenzen Sie andere Menschen von einem Teil Ihrer Welt aus. Was ja auch der Sinn eines persönlichen Geheimnisses ist. In einer Beziehung oder Partnerschaft geht es jedoch darum, den anderen Schritt für Schritt in Ihre Welt *hineinzuholen*.
Folglich könnte die Offenbarung eines persönlichen Geheimnisses Ihrer Beziehung genau die Tiefe geben, die Sie vielleicht bislang vermisst haben.

Ungute Geheimnisse kosten Kraft

Eine Geschichte in Gedanken am Leben zu erhalten, sie immer wieder durchzugehen, dabei über Schuld und Fehler, Vermeidung und Schutz nachzudenken, verbraucht, ganz praktisch gesehen, viele Ressourcen. Lebenskraft, mit der Sie auch etwas anderes anstellen könnten.
Sie könnten stattdessen versuchen, dieselbe Energie für die Beschäftigung mit einer neuen Welt zu verwenden. Einer Zukunft, in der die Vergangenheit keine weitere Pflege mehr erhält.

Ein Geheimnis kann wie ein Grabstein sein,
den Sie mehrmals täglich besuchen.
Durch die Wiederholungen
wird es irgendwann so wichtig,
dass es Ihr Denken und Leben bestimmt.
Und Ihre Anziehung.

Gute Geheimnisse spenden Kraft

»Ich weiß, warum ich das tue. Und es muss auch sonst niemand verstehen.«

»Ich verfüge über eine Erfahrung, die mir niemand nehmen kann. Auch wenn ich sie niemals erzählen werde, hat mich diese Erfahrung stark gemacht.«

So gesehen geben viele Geheimnisse des Herzens ihrem Träger enorme Kraft. Vielleicht haben Sie schon erlebt, dass Sie einen geheimen Plan verraten haben, und kurz darauf war seine Kraft erloschen.

Für Ihren Herzmagneten bedeutet das: Je mehr Sie sich über ein positives Geheimnis freuen, umso mehr wird seine Kraft in Ihnen anwachsen. Umso stärker wird es weitere Ereignisse und Menschen anziehen, die Ihr Vorhaben unterstützen. Erzählen Sie also am besten nur den richtigen Menschen die richtige Dosis zum richtigen Zeitpunkt.

*Ein Geheimnis kann Ihrem Inneren viel Kraft geben.
Erst wenn Sie es erzählen, kann es angegriffen werden.
Deshalb gehen Sie vorsichtig damit um.*

Geheimnisse wirken attraktiv

Es gibt kaum etwas Anziehenderes als einen Menschen, der von einer geheimnisvollen Aura umgeben ist. Aus dieser Perspektive hätten persönliche Geheimnisse eine nützliche Wirkung auf die Anziehung möglicher Beziehungspartner.

Im weiteren Verlauf einer Beziehung geht es aber immer mehr darum, eine gemeinsame Welt zu erschaffen, in der Verhaltensweisen, Denkweisen und Abläufe möglichst offen und klar erkennbar sind, damit der Alltag harmonisch funktioniert. In diesem Fall wäre ein fortgesetztes geheimnisvolles Verhalten eher störend. Manche Paare empfinden ein wenig verbleibende Rätselhaftigkeit am anderen belebend, selbst dann, wenn dies gelegentlich zu Reibung führt. Wenn beide dieses Gefühl lieben, kann solch eine Beziehung lange und gut für beide Seiten funktionieren.

*Im richtigen Moment auf Offenheit umzustellen,
ist eine wertvolle Kunst für erfüllende Beziehungen.*

Beispiele für Herzens-Geheimnisse

Geheime Gedanken und der Herzmagnet

Manche ungeliebte Gedanken arbeiten wie ein Magnet im eigenen Kopf, der immer weitere schlechte Gedanken anzieht.
Wenn Sie zum Beispiel an jemanden denken, der Sie geärgert hat, haben Sie zunächst nur den Gedanken, dass er Sie geärgert hat. Doch sofort folgen weitere Überlegungen. »Warum macht er so etwas? Warum mit mir? Was sind das nur für Menschen? Hat so jemand eigentlich Moral und Mitgefühl? Gibt es das überhaupt auf der Welt? Falls es einen Gott gibt, warum lässt er das zu? Werden die Schlechten nicht bestraft? Sollte man den vielleicht einmal spüren lassen, was er da macht? Ich mag diese ganze Art von Menschen nicht ...«
Ein zu Beginn einzelner unguter Gedanke kann irgendwann zu einer unbeabsichtigten, magnetisch aufgeladenen Weltsicht werden, die weitere Situationen dieser Art anzieht.

Ihre Befreiung: Es geht darum, die immer gleiche Kette zu unterbrechen, die einem unguten Startgedanken folgt. Finden Sie dafür als Erstes ein Wort, das für die höchste gute Kraft steht, an die Sie glauben. Vielleicht ist es für Sie Liebe, Gott, Ihr Engel, Bewusstheit, Freundlichkeit, das Gute ... Beschließen Sie nun, dieses gute Wort in Ihrer Vorstellung immer sofort auf den ungewollten Gedanken zu legen, sobald er sich zeigt.
Beispiel: Angenommen Ihr unguter Gedanke sagt immer wieder: »Diese Frau Müller ist unmöglich. Sie kapiert einfach nicht, dass ...« Und nun folgt die übliche Kette von Vorwürfen, die Sie aber nicht mehr denken möchten, weil es Sie belastet. Sagen wir, Ihr gutes Wort lautet »Gabriel«, so wie der Name

eines Engels. Sobald der alte Gedanke loslegt und sagt: »Diese Frau Müller ist unmöglich …«, denken Sie sofort laut: »Gabriel«. Sie werden feststellen, dass die negative Kette abbricht und nach einigen Malen völlig erlischt.

Selbstvorwürfe und der Herzmagnet

Selbstvorwürfe, von denen Sie niemandem erzählen wollen, sind ein großes Herzens-Geheimnis. Damit so etwas Ihr Leben nicht beeinflusst, können Sie sich an folgende Zusammenhänge erinnern:

1) Niemand lebt ein fehlerfreies Leben, in dem er immer alles richtig macht. Folglich werden Sie in Ihren Erinnerungen automatisch misslungene Entscheidungen oder Handlungen finden, die Sie sich vielleicht vorwerfen.

2) Weil die Evolution Ihr Gehirn auf Lernen und Verbessern ausgerichtet hat, führt Ihr Verstand nun zwei »Messungen« durch.

- Messung 1: Wie viel Schaden habe ich bei anderen, bei mir oder bei meinem Leben angerichtet?
- Messung 2: Wie weit bin ich von der Norm des »Richtigen« und »Guten« abgewichen?

3) Das Ergebnis dieser Messungen erzeugt in Ihnen vielleicht ein Gefühl von Schuld und dieses ein Gefühl von Reue. Reue wiederum ist ein Zustand, in dem Ihr Verstand sagt: »Ich gehöre bestraft, damit es wieder stimmt.« Ihr Unterbewusstsein erhofft sich oder befürchtet also eine Art »Strafe«, damit die Gefühle von Schuld und Reue aufhören.

Der Grund: Bei den meisten zusammenlebenden höheren Lebewesen sind grobe Verhaltensfehler eine Bedrohung für die Gemeinschaft. Das Gesetz der Natur lautet: Wer uns Schaden zufügt und die Regeln nicht einhält, ist

ein Risiko und wird bestraft oder ausgestoßen. Oder er wirft sich auf den Rücken und beweist uns, dass es nie wieder vorkommen wird.
Selbst wenn Ihr Verstand also sagt: »Höre endlich auf, dir Vorwürfe zu machen«, so ist das für Ihr Unterbewusstsein nicht ganz einfach.

Ihre Befreiung: Ein Selbstvorwurf hat keinerlei positiven Wert für Ihren Herzmagneten. Jede gute Handlung hingegen schon. Die Kraft, die Sie für Selbstvorwürfe verbrauchen, könnten Sie also stattdessen für gute Handlungen einsetzen. Je mehr Sie zum Beispiel anderen Menschen helfen, umso schwächer werden Ihre Selbstvorwürfe.

Geheime Emotionen und der Herzmagnet

Das Wort »Emotion« beinhaltet den Wortstamm von »Bewegung«. Der Unterschied zwischen einem Gefühl und einer Emotion ist, dass ein Gefühl vor allem innerlich bleibt (zum Beispiel Zufriedenheit), während eine Emotion danach drängt, äußerlich etwas in Bewegung zu bringen (zum Beispiel Wut). Emotionen können stark werden. Zeitpunkt und Auswirkungen sind oft schwer vorhersehbar und manchmal kaum kontrollierbar. Gelegentlich übernimmt eine Emotion entgegen den Absichten ihres Trägers für eine Zeit das Steuer und »bewegt« dessen Sprechen und Handeln. Bis sie – einer Welle ähnlich – verebbt und der Verstand die Kontrolle zurückerobert.
Manche Menschen versuchen, das zu verhindern, indem sie ihre Emotionen verbergen. Sie denken: »Ohne dieses Gefühlszeugs läuft alles besser. Also lasse ich es ausgeschaltet, dann behalte ich die Kontrolle.« Als Nebenwir-

kung erschaffen sie damit ein Geheimnis um die Vorgänge in ihrem Inneren. Für gute Beziehungen können damit zwei Herausforderungen entstehen.

1) Zusammen mit ungewünschten Emotionen werden oft – weil so schwer auseinanderzuhalten – auch die Gefühle weggesperrt. Als Folge davon hat der Betreffende dann vielleicht mit dem »Fühlen an sich« Schwierigkeiten. Was sich wiederum auf seine Beziehungen auswirkt.

2) Auch wenn Emotionen geheim gehalten werden, strahlen sie über den Herzmagneten nach außen. So kann jemand äußerlich kultiviert, höflich und kontrolliert wirken und bei anderen dennoch Angst und Fluchttendenzen auslösen.

Ihre Befreiung: Falls Sie einen Partner haben, der zu emotionalem Verhalten neigt, liegt Ihre Befreiung darin, seinen Zustand nicht mehr ständig mit Ihrem Verhalten in Verbindung zu sehen. Sie tragen keine Schuld, die Emotionen sind bereits vorhanden. Sie müssen es auch nicht in Ordnung bringen, sondern er selbst. Emotionsabbau-Übungen wie Yoga, Meditation, aber auch viele Sportarten unterstützen das innere Gleichgewicht und spenden zudem noch gute Gefühle, Sinn und Erfüllung.

In einer guten Beziehung
muss keiner der Partner
geheimen Informationen nachlaufen,
weil jeder dem anderen alles gerne gibt.

Beziehungsgeheimnisse und der Herzmagnet

Ihr Herzmagnet erschafft durch seine Ausstrahlung und Anziehung letztlich Ihre Beziehungswelt. So ziehen zum Beispiel nicht wirklich verfügbare Menschen letztlich oft ebensolche an. Menschen mit schwebenden Beziehungen ziehen ebensolche an. Menschen mit ungelösten, geheim gehaltenen Themen ziehen ebensolche an. Und so weiter.

Falls Sie Menschen anziehen möchten, die möglichst frei für Sie sind, könnten Sie Ihren Herzmagneten dabei unterstützen, indem Sie prüfen, ob Sie selbst möglichst frei sind. Wo gibt es noch:

- beendete, aber nicht abgeschlossene Beziehungen
- das Herz belastende Beziehungen
- reine Fantasiebeziehungen oder virtuelle Beziehungen
- einseitige oder abhängige Beziehungen
- Ersatzbeziehungen

Wo immer Sie ein Stück mehr Klarheit erschaffen, wird es Ihren Herzmagneten erleichtern und befreien.

Ihre Befreiung: Beziehungen erzeugen Emotionen und Gefühle, und diese strahlen über Ihren Herzmagneten nach außen. Das gilt für gute wie für ungute Beziehungen. Die guten sind kein Problem. Wenn Ihnen aber eine Beziehung weder Freude macht, noch Nutzen bringt, noch mit Sinn erfüllt ist und Sie auch nicht dazu gezwungen sind, bringen Sie sie in einen freundlichen, klaren Zustand oder zu einem Abschluss.

Künstliche Geheimnisse und der Herzmagnet

Nachdem Geheimnisse ein nahezu magnetisches Bedürfnis erzeugen, sie ihrem Träger zu entlocken, haben sich manche Menschen darauf spezialisiert, geheimnisvoll zu wirken, selbst wenn sie keine besonderen Geheimnisse haben. Wären Sie als Beziehungspartner davon betroffen, könnte das zu einer unguten Abhängigkeit führen. Ständig würden Sie einem weiteren Stück Entdeckung hinterherlaufen und doch nie alles bekommen.

Den folgenden Mechanismus dahinter zu verstehen, befreit Sie davon.

1) Sie würden gerne etwas vom anderen wissen, aber er macht ein Geheimnis daraus. Falls Sie jetzt nicht loslassen, rutschen Sie in die Rolle eines Bittstellers. Sie wollen etwas, und der andere hat die Macht, es zu gewähren oder nicht.

2) Nach einer unvollständigen Andeutung versuchen Sie, mehr herauszubekommen. Der andere lässt sich zögerlich darauf ein, Ihnen weitere Bruchteile zu geben. Ab jetzt schulden Sie ihm etwas, denn er wollte ja nichts sagen, hat es aber Ihnen zuliebe dennoch getan.

3) Weil Sie nun das Gefühl haben, etwas zu wissen, was er nicht hergeben wollte, sind Sie ihm zu Dank verpflichtet. Bereits jetzt wären Sie in der Rolle eines dankbaren, sich verpflichtet fühlenden Bittstellers.

Auf diesen drei Schritten bauen fast alle Abhängigkeiten durch Informations-Besitz auf.

Ihre Befreiung: Falls Sie langfristig immer wieder in der Rolle des Bittstellers um Informationen landen, erklären Sie, dass Sie dies nicht wollen. Falls das nichts verbessert und Sie aktiv etwas ändern möchten, verzichten Sie auf das Wissen. Solange Sie es haben wollen, bleiben Sie Teil des Spiels. Erst wenn Sie Ihre Rolle aufgeben, kann es enden und Platz für eine nicht abhängige Beziehung machen.

Der magische Moment, in dem sich ein Herzens-Geheimnis zeigt

Im Guten

- Eine Beziehungssituation fährt sich so fest, dass einer von beiden plötzlich sein Geheimnis offenbart. Sofort danach kommt die Beziehung in eine neue Tiefe.
- Jemand macht ein Geheimnis aus einem Vorhaben. Das gibt ihm Kraft.
- Jemand verrät nicht alles, aber alle finden es irgendwie toll, auf dem Weg zur Auflösung dabei zu sein.

Im Unguten

- Das Geheimnis zieht ungewollt Menschen und Situationen an, die thematisch dazu passen.
- In der Beziehung kommt immer wieder Unverständnis, Unstimmigkeit und Traurigkeit auf.
- Es treten Machtverhältnisse auf, weil einer etwas wissen will, was der andere nicht preisgibt.
- Mindestens ein Partner leidet unter häufiger Verwirrung.
- Das Geheimnis isoliert den Träger von anderen.
- Das Geheimnis löst bei seinem Träger immer wieder Aggressionen aus, weil es ihn innerlich viel Kraft kostet und zu keiner Erlösung kommt.
- Das Geheimnis löst bei anderen Aggressionen oder Rückzug oder Traurigkeit aus. Weil sie dem Träger näherkommen möchten, ihn aber nicht verstehen können.

Geheimnisse des Herzens: Grund und Sinn

Grund

- Tatsachen, Gedanken und Sehnsüchte zu verheimlichen, bietet Schutz vor möglichen Folgen. Unser Unterbewusstsein sucht immer nach Schutz und Sicherheit, deshalb hat es zu bedeutsamen Themen Geheimnisse gebildet.
- Manche Geheimnisse verschaffen ihrem Besitzer eine Art Machtgefühl in der Beziehung. Oft aus Angst, ansonsten die Kontrolle zu verlieren.

Sinn

- Ein Geheimnis ist eine nicht ausgesprochene Wahrheit. Sie im richtigen Moment preiszugeben bedeutet, sein Herz gegenüber dem anderen zu öffnen und damit große Nähe anzubieten. Somit haben diese Geheimnisse eine wichtige Bedeutung für gute Beziehungen.
- Der tiefe Sinn von Herzens-Geheimnissen ist eine fast magische Kraft, die zum Geheimnis passende Partner anzieht. Entweder um etwas zu teilen oder um es zu heilen.

Erlebtes Wissen zum siebten Geheimnis

- Beobachten Sie in Ihrem privaten und beruflichen Umfeld: Wo erschafft sich jemand durch Geheimnisse Machtvorteile? Welcher Art sind seine Beziehungen?
- Wo bewirkt die Andeutung geheimen Wissens, dass andere Menschen dem Geheimnisträger hinterherlaufen oder ihn bewundern? Wird Abhängigkeit erzeugt?
- Was bewirkt ein nicht ausgesprochenes Geheimnis in einer privaten Beziehung? Wie ist es, nachdem es offenbart wurde?

Wie Sie Ihren Magneten neu ausrichten

- Falls Sie keine Geheimniskrämer anziehen möchten, beschließen Sie, selbst keiner zu sein. Wenn Sie Offenheit lieben, werden Sie Offenheit anziehen. Wenn Sie selbst eher Verschlossenheit praktizieren, wird es für Ihr Gegenüber schwer, sich zu entspannen und zu öffnen.
- Warten Sie nicht auf einen ersten Schritt des anderen. Ihr Verhalten ist der Schlüssel für sein Verhalten.
- Was Sie bewundern, werden Sie anziehen. Wenn Sie also geheimnisvolle, überlegen wirkende Menschen interessant finden, so könnten Sie anziehen, dass jemand immer bewundert werden will. Falls Sie sich eine ehrliche, gleichberechtigte Beziehung ersehnen, entscheiden Sie sich dafür, offen wirkende Menschen mehr für ihre Eigenschaften zu bewundern als geheimnisvolle Menschen für ihre Geheimnisse.

Das achte Geheimnis

Die Familienchronik

Ereignisse und Beziehungsabläufe
aus Ihrer Familie
können sich in Ihrem Leben wiederholen.
Selbst wenn Sie sich bemühen, es zu vermeiden,
überträgt ein verborgenes Drehbuch
viele Szenen Ihrer Vorfahren
auch in Ihr Leben.

Vielleicht haben Sie sich vorgenommen, bestimmte Dinge ganz anders oder besser zu machen, als es Ihre Eltern Ihnen vorgelebt haben. Mit aller Aufmerksamkeit verfolgen Sie also deren Lebensablauf und bemühen sich, die guten Dinge zu übernehmen und die unguten zu vermeiden.
Doch manchmal scheint es, als würden Kräfte jenseits Ihres Einflusses dafür sorgen, dass bestimmte Menschentypen oder Ereignisse aus dem Leben Ihrer Eltern auch in Ihrem Leben auftauchen. Dann fragen Sie sich vielleicht, wie das sein kann und welche Chance Sie überhaupt haben, diesem speziellen Familienschicksal zu entkommen.
Falls Sie so etwas schon erlebt haben, haben Sie die Kraft der Familienchronik kennengelernt.

Was ist eine Familienchronik?

Das griechische Wort »chrónos« bedeutet »Zeit«. Eine Chronik ist also eine Geschichte, die Schritt für Schritt auf einem Zeitstrahl abläuft. Und Ihre Familienchronik ist die Geschichte Ihrer Familie auf dem Strahl der Zeit. Der Familie, von der Sie ein Teil sind – so, wie alle Ihre Vorfahren.
Diese Geschichte bleibt nicht ohne Einfluss auf Sie. Zum einen, weil Sie aus den Zellen und Genen Ihrer Vorfahren bestehen, was schon dafür sorgt, dass sich die Kapitel Ihrer körperlichen Veränderung nicht vollkommen frei abspielen.
Zum anderen ist Ihr Leben mit der Geschichte Ihrer Eltern und Großeltern verbunden, weil Sie sich einerseits von deren ungewollten Einwirkungen befreien und andererseits vorbildhafte Eigenschaften nutzen möchten.

Die magische Zugfahrt der Ahnen

Wenn Sie den Lebensstrahl eines Menschen über eine längere Zeit betrachten, könnten Ihnen manche Wiederholungen aus dem Leben seiner Eltern ziemlich mysteriös vorkommen. Dabei geht es nicht nur um die Gesundheit, die sich vielleicht noch mit Vererbung erklären lässt. Oft wiederholen sich auftauchende Menschentypen, Verhaltensweisen, Grundprobleme, Entscheidungen an Weggabelungen und ganze Beziehungsabläufe wie Stationen einer Bahnreise, die schon die Vorfahren unternommen haben. Würde man ab der Mitte des Lebens den Zeitstrahl eines Menschen über den seiner Mutter oder seines Vaters legen, so könnte auffallen, dass sich manche Ereignisse sogar in einem ähnlichen Alter wiederholen. Als folgten sie einem verborgenen Programm.

Einige Kräfte aus Ihrer Familienchronik wollen,
dass Sie in ähnlichem Alter
ähnliche Ängste, Probleme und Sorgen,
Bedenken, Lösungsideen
und Verhaltensweisen durchleben
wie Ihr Vater oder Ihre Mutter oder deren Eltern.
Damit es zu ähnlichen Ergebnissen kommt.

Noemi und die ständige Benachteiligung

Mit Anfang vierzig hatte Noemi ein großes Problem in ihrem Leben als eine Art sich wiederholendes Muster erkannt. Es ging darum, wie sie von anderen behandelt wurde. Ganz gleich, wie sehr sie sich anstrengte – sowohl ihr Partner Joachim als auch ihre bisherigen Arbeitgeber vermittelten ihr das Gefühl, weniger Wert zu sein als andere.

Noemis Vater war immer ein redlicher Mann gewesen. Als gelernter Drucker hatte er seinen Beruf bei nur zwei verschiedenen Unternehmen bis zur Rente einwandfrei ausgeübt. Noemis Familie war es nie wirklich schlecht gegangen, aber mit drei Kindern hatte es immer nur gerade so gereicht.

»Die einfachen und ehrlichen Leute kommen am Ende immer zu kurz«, war einer jener Leitsätze, die Noemi seit ihrer Kindheit unzählige Male gehört hatte. »Und die Studierten da oben halten sich für etwas Besseres und bereichern sich auf unsere Kosten.«

Noemi war ein intelligentes Mädchen mit guten schulischen Leistungen gewesen, und ihr Vater hatte sie darin unterstützt zu studieren.

»Du sollst es mal besser haben als deine Mutter und ich«, hatte er gesagt. »Wähle deinen Beruf ganz frei, finde heraus, womit du erfolgreich und glücklich werden willst. Wir unterstützen dich bei allem.«

Noemi entschied sich für ein Wirtschaftsstudium. Nach ein paar Jahren war sie mit einem guten Abschluss fertig und suchte sich eine Stelle. Doch trotz ihres Fleißes und der guten Ausbildung waren die folgenden Jahre sehr schwer. Ständig hatte sie das Gefühl, in der Hierarchie ganz hinten zu stehen und, wenn überhaupt, als Letzte berücksichtigt zu werden.

Eines Tages traf sie sich nach einem Gehaltsgespräch mit ihrer Kollegin Cathy in der Kantine.
»Und, wie ist es gelaufen?«, fragte Cathy.
»Nicht so gut«, sagte Noemi. »Es gibt eine neue Zielvereinbarung, und sie wollen das nächste Jahr abwarten.«
»Das kann doch einfach nicht sein«, sagte Cathy. »So engagiert, wie du dich immer für alles einsetzt. Wieso klappt das bei dir seit Jahren nicht?«
»Ach, Cathy«, sagte Noemi. »Vielleicht liegt es auch an mir selbst. Ich traue es mich gar nicht zu sagen, aber ich habe fast immer ein schlechtes Gewissen, wenn ich etwas für mich fordern soll.«
»Aber warum denn nur?«
»Weil ich dann sofort an meine Eltern denke«, sagte Noemi. »Sie hatten so ein mühsames Leben, und es ging ihnen nie wirklich gut.«
»Und was hat das mit dir zu tun?«, fragte Cathy.
»Ich weiß nicht genau. Aber ich kann mich nie entspannen, wenn es mal gut läuft. Und prompt passiert dann auch wieder etwas.«
»Was denn?«
»Na, so wie vorhin wieder«, sagte Noemi. »Ich werde ausgenutzt. Für meine Position und Verantwortung verdiene ich zu wenig. Ich mache viele Überstunden und das wird nicht gewürdigt. Und als wäre das alles noch nicht genug, mache ich auch noch in der Beziehung mit Joachim die ganzen unangenehmen Arbeiten. Undank ist der Welten Lohn.«
Sie fuhr erschrocken mit der Hand in Richtung Mund.
»Oh, Gott, jetzt wird mir etwas klar«, sagte sie.
»Was denn?«, fragte Cathy.
»Genau das hat mein Vater immer gesagt: ›Undank ist der Welten Lohn.‹ Und dann hat er immer den Kopf geschüttelt und das Thema gewechselt.«
»Na, und?«

»Obwohl ich studiert habe und alles besser machen wollte, lasse ich gerade denselben Spruch los wie er«, erklärte Noemi. »Und es stimmt auch noch. Ich erlebe tatsächlich Undank. Wie mein Vater.«

»Aber es liegt doch alles nur an dir«, sagte Cathy. »Warum machst du dich so klein, dass es so weit kommt?«

Noemi dachte kurz nach.

»Wenn ich meine Eltern besuche und mein Vater fragt mich, wie es mir geht, erzähle ich oft, dass ich ausgenutzt werde«, sagte sie. »Dann nickt er und sagt diesen blöden Satz mit dem Undank, und ich habe das Gefühl, dass er mich versteht und mich noch liebt. Das beruhigt mich, und ich denke, dass alles zwischen uns noch wie früher ist.«

»Jetzt kapiere ich, was du meinst«, sagte Cathy. »Du befürchtest, wenn es dir super gut gehen würde, könnte das deinem Vater, der sich immer abgemüht hat, irgendwie wehtun. Weil er das nicht geschafft hat. Deshalb stellst du aus Solidarität den Zustand her, den schon dein Vater über das Leben gesagt hat.«

Noemi nickte. »Wenn ich nicht mit denselben Klagen durchs Leben gehe, fühle ich mich wie eine Art Verräter. Irgendwie schuldig, als würde sich das nicht gehören. Das ist total verrückt!«

»Stimmt, aber es passt trotzdem alles zusammen«, sagte Cathy. »Dein Vater war doch immer gegen die Studierten, weil er dachte sie würden die einfachen Leute ausnutzen. Nun bist du selbst eine Studierte und willst vermeiden, dass er dich so einstuft. Du möchtest niemanden ausnutzen und lieber berichten, dass du selbst ausgenutzt wirst. Was ja auch stimmt. Was sagt er dann übrigens?«

»Dass er das kennt und ich mich wehren soll«, sagte Noemi.

»Und was sagst du daraufhin?«, fragte Cathy.

»Dass er Recht hat«, sagte Noemi. »Meistens war es das dann.«

»Ausgenutzt werden und sich gegen Ausbeuter wehren. Dieses Familienthema verbindet euch«, sagte Cathy.

»Bisher ja«, sagte Noemi. »Ab sofort ändere ich das. Ich muss meinem Vater nicht zeigen, dass ich bin wie er, nur damit er mich liebt. Er kann mich auch lieben, wenn ich nicht mehr zu den Ausgenutzten gehöre und ein ganz anderes Leben führe als er. Ich darf einen Wert haben, und er bleibt dennoch mein Vater.«

»Das klingt toll«, sagte Cathy.

Noemis Erkenntnis

Was Noemi erlebt hat, können Sie vielleicht so ähnlich in einem Bereich Ihres Lebens wiederfinden. Eine große Erkenntnis dabei ist, dass das Familiensystem eine Art eigenen Willen mit ganz bestimmten Absichten hat. Diese Absichten können ganz anders sein als alles, was die Menschen in Worten zueinander sagen. Sobald Sie jedoch den Grundablauf verstanden haben, befreit Sie das aus diesen Kräften. Ab dann können Sie ganz bewusst neue Entscheidungen treffen und wirklich etwas anders machen.

Der trickreiche Kreislauf der Kräfte in der Familienchronik

- Die Kraft Ihrer Familienchronik will, dass Sie sich fühlen, wie sich alle schon immer gefühlt haben. Unabhängig davon, wie Ihr Leben im Detail abläuft.
- Wenn Sie nichts von alldem wissen, könnten Sie, ohne es zu wollen, letztendlich einiges tun und denken, was schon viele in der Chronik getan und gedacht haben.

- Selbst wenn Sie das Glück haben, dass Mitglieder Ihrer Familie Sie ermuntern auszubrechen, so könnte die Kraft der Chronik dafür sorgen, dass Sie sich dabei wie ein Ausbrecher fühlen.
- Weil Ihr Unterbewusstsein sich aber weiterhin dazugehörig fühlen möchte, steuert es vielleicht heimlich auf einen alten Zustand hin, den man in Ihrer Familie gut kennt.
- Für den Fall, dass Sie etwas nicht »besser hinbekommen« als Ihre Vorfahren, werden diese das nachvollziehen können. »Ach, Kind, ich habe es ja auch nicht geschafft.« Und damit sind Sie weiterhin Teil der Familiengeschichte.
- Genau dieses Gefühl, »verstanden zu werden« und kein »Verräter« der Familienwerte zu sein, hat Ihr Unterbewusstsein gesucht. Denn das bedeutet: zu Hause sein.
- So schafft es die Familienchronik, dass Ihre Mühen, es anders als Ihre Eltern zu machen, nicht in jeder Hinsicht erfolgreich werden.

Der Ablauf und Ihr — ungewollter — Beitrag

Damit dies alles so ablaufen kann, benötigt die Kraft Ihrer Familienchronik von Ihnen zwei Dinge.

1) **Ein schlechtes Gewissen**, zum Beispiel, ...

- weil Sie sich fühlen, als würden Sie sich über Ihre Eltern erheben, wenn Sie es besser machen, erfolgreicher sind und dabei auch noch weniger leiden.
- weil Sie die Weltsicht Ihrer Eltern nicht mehr teilen, wenn Sie dort zu Besuch sind oder an ihre Ratschläge denken.

- weil es Ihnen besser geht, aber vielleicht gefühlt auf Kosten einer mühevollen Vorarbeit Ihrer Eltern.
- weil Sie denken: »Ich schulde meinen Eltern wenigstens etwas Leid. Es ist nicht richtig, dass es mir so gut geht.«

Zusätzlich braucht die Kraft der Familienchronik von Ihnen:

2) **Die Angst, auf eine Art abgelehnt zu werden**, zum Beispiel, ...

- weil Sie ins »Lager der anderen« gewechselt sind, also einer Gruppe von Menschen, die Ihre Eltern eher ablehnten.
- weil Sie Ihren Eltern widersprechen.
- weil Sie mühevoll erarbeitete materielle Werte Ihrer Eltern sorglos für sich und Ihr Leben verwenden oder aufbrauchen.
- weil Ihre Eltern so tun, als würde es ihnen Schaden zufügen, wenn Sie ihnen nicht mehr folgen.
- weil Sie ein ganz anderes Lebensmodell leben und sich damit Ihre Welten kaum noch überschneiden.

Ein schlechtes Gewissen
und die Angst vor Ablehnung
sind zwei große Hebel der Familienchronik,
um Ihr Leben in der Spur Ihrer Vorfahren zu halten.
Wenn Sie diese nicht mehr zur Verfügung stellen,
werden Sie frei.

Woraus die Kräfte Ihrer Familienchronik bestehen

Auch wenn Ihnen die Wirkung der Familienchronik manchmal undurchschaubar vorkommen mag, so können Sie dennoch fast jedes Ereignis in eines der vier folgenden Familien-Alben einkleben.

Album 1: Ihre ERINNERUNGEN und der Überlebenswunsch Ihrer Familienchronik

Was immer Sie erlebt und beobachtet haben, seit Sie den Bauch Ihrer Mutter verließen, wurde irgendwo in den Tiefen Ihres Gehirns gespeichert. Glücklicherweise ist das Meiste davon unbedeutend und wird Ihnen keine Probleme bereiten. Anderes hingegen hatte Bedeutung und hilft Ihnen heute, gut durch Ihr Leben zu kommen. Manches jedoch hat sich Ihr Gehirn gemerkt, obwohl es für Ihr Leben keinen Sinn macht und eher störend ist. Falls Ihre Eltern beispielsweise sparen mussten, Sie aber heute in einer ganz anderen Situation sind, könnten Sie dennoch ein schlechtes Gewissen haben, wenn Sie sich etwas leisten.

Dann würde Ihre Familienchronik mittels Ihrer Erinnerung weiter am Leben bleiben wollen.

Album 2: Ihre ZELLEN und der Überlebenswunsch Ihrer Familienchronik

Unabhängig von Ihrem Gehirn besitzt jede einzelne Ihrer Zellen eine eigene Möglichkeit, sich einfache Ereignisse und Zusammenhänge zu merken. Das Werkzeug hierfür ist die Zellinformation DNA.

Nach einer für Ihr Leben einschneidenden Erfahrung verändern sich bestimmte Abschnitte Ihrer DNA, ähnlich, als würde ein Computerprogramm an einer Stelle umgeschrieben. Die Zellen Ihres Körpers wiederum sind in der Lage, Gefühle zu erzeugen. Sie können das leicht nachprüfen, wenn Sie sich fragen, wo im Körper Sie das Gefühl von Angst oder wo Sie das Gefühl von Freude spüren. Alles dort besteht aus Zellen.

Über die Vererbung wird Ihre vielleicht lebenswichtige Erfahrung an Ihre möglichen Kinder und von dort an deren Kinder weiter gegeben. Sobald nun bei Ihren Nachfahren eine ähnliche Situation auftaucht, reagieren deren Zellen mit den geerbten Gefühlen.

Über den Weg dieses sogenannten »Zellgedächtnisses« können auch Lebewesen, bei denen keine Erziehung stattfindet, aus den Erfahrungen ihrer Vorfahren lernen.

Für Sie als Mensch bedeutet das: Sie könnten durchaus Ängste haben oder Reaktionen an den Tag legen, für die es in Ihrem Leben keinen erkennbaren Grund gibt. Aber im Leben Ihrer Eltern oder Großeltern gab es dafür einen Grund. Ihre Zellen erinnern sich daran und lösen in bestimmten Situationen entsprechende Reaktionen in Ihrem Körper aus.

Wo die Familienchronik möchte,
dass Sie alten Erfahrungen folgen,
könnten Sie Gefühle spüren,
für die Sie heute keinen Grund finden.
Dann melden sich vielleicht gerade nur
geerbte Erinnerungen aus Ihren Zellen.

Album 3: Ihre ERZIEHUNG und der Überlebenswunsch Ihrer Familienchronik

Was aus Lebenserfahrung heraus irgendwie geklappt hat, wird zu einer Überzeugung. Was eine Überzeugung geworden ist, gibt ein Vater oder eine Mutter an die Kinder weiter. Diese Überzeugungen, Regeln und Konsequenzen werden so lange gelehrt und geübt, bis sie ein fester Teil im Denken und Verhalten des Kindes geworden sind.

So in etwa könnte man das Wort Erziehung beschreiben.

Viele dieser anerzogenen Überzeugungen, Regeln und Konsequenzen kommen aber erstens aus einer alten Zeit und zweitens aus einem anderen Lebensmodell. Sie mögen Ihren Eltern dienlich gewesen sein, können aber für Ihr Leben unbrauchbar oder gar widersinnig sein. Dennoch versuchen die Erlebnisse und Ideen Ihrer Eltern, über den Erziehungskanal noch heute in Ihr Leben zu fließen.

Album 4: Die MACHT und der Überlebenswunsch Ihrer Familienchronik

Ein Familienoberhaupt wie der Vater oder die Mutter hat im System der Familie eine Position, die mit einer gewissen Macht ausgestattet ist. Ein Kind hat wenig Chancen, dieser Macht zu entkommen oder ihr etwas entgegenzusetzen. Also begibt es sich notgedrungen in eine Unterordnung, beschließt aber oft heimlich, diesen Zustand zu beenden, sobald es groß und stark genug ist.

Doch die Macht hat eine seltsame Eigenschaft. Sie will am Leben bleiben. Je nach Charakter kann sie ihren Träger dazu bringen, seine Macht um fast jeden Preis behalten zu wollen.

Da die Macht in Ihrer Familienchronik darauf aufbaut, dass Sie die Rolle des Kindes einnehmen, das sich unterordnet, haben Sie zunächst nur zwei Möglichkeiten: Entweder Sie fügen sich oder Sie widersetzen sich. Beides kann sehr anstrengend sein. Solange der Machtinhaber Sie nicht aus Ihrer alten Rolle entlässt, beeinflusst er Ihr Leben.

Verstand, Zellgedächtnis, Erziehung und Macht
sind jene vier Kräfte,
die das Leben Ihrer Eltern
in Ihr Leben hineinkopieren möchten.

Marco und das Gefühl, nie anzukommen

Einen wirklich gut verborgenen Zusammenhang zwischen dem Ablauf seiner Beziehungen und dem Leben seiner Großeltern entdeckte Marco im Alter von achtundvierzig Jahren.
Marcos Problem war, dass sein gesamtes persönliches Universum sich ganz offensichtlich weigerte, ihn länger an einem Ort wohnen zu lassen, und es zudem verhinderte, dass er mit seiner Partnerin zusammenziehen konnte. Wie sehr er sich auch bemühte – am Ende sorgten diverse Umstände dafür, dass es

zu keiner gemeinsamen Wohnung kam. Entweder wurde er plötzlich versetzt, oder seine Partnerin wurde – noch während sie zusammen Wohnungen besichtigten – versetzt. Oder sie fanden lange nichts, das beiden gefiel, oder Marco wurde arbeitslos und das Geld war zu knapp, oder sie hatten einen Streit und zweifelten an ihrer Idee des Zusammenwohnens. So ging das in seiner aktuellen Beziehung schon seit über fünf Jahren. Bis Marco auf die Idee kam, seine Familiengeschichte zu untersuchen.

Marcos Großmutter war nach dem Krieg aus ihrer Heimat vertrieben worden. Allein mit ihren vier Kindern, und ohne um das Verbleiben ihres Mannes zu wissen, musste sie Haus und Hof verlassen und auf der Flucht an ständig wechselnden Wohnorten leben. Nach vier Jahren war Marcos Großvater endlich aus der Gefangenschaft zurückgekommen, hatte aber die Familie schon bald darauf wegen einer anderen Frau wieder verlassen.

Marco fragte seine Großmutter, was damals ihre größten Ängste und Sorgen gewesen waren. Durch ihre Antwort und Marcos Wissen um die Übertragung durch das Zellgedächtnis wurde ihm endlich klar, was in seinem Leben geschah. »Ich war immer in Angst«, erzählte seine Großmutter. »Wenn wir auf unserer Flucht zu lange an einem Ort blieben, stieg das Risiko, dass man uns entdeckte und umbrachte. Wir mussten also ständig in Bewegung bleiben. Dazu kam der Albtraum, nicht zu wissen, wo dein Großvater war. Ob er zurückkommen würde. Ob wir uns wiederfinden würden. Als er schließlich auftauchte, hat er uns nach fünf Monaten wieder verlassen. Wegen einer anderen Frau. Ich träume noch heute davon. Das habe ich nie verwunden.«

Dieser Bericht seiner Großmutter setzte eine befreiende Erkenntnis in Gang. Nur wenige Wochen später unterschrieb Marco zusammen mit seiner Partnerin den Mietvertrag für eine gemeinsame Wohnung.

Marcos Erkenntnis

Marcos große Frage war gewesen, warum etwas in seinem Leben ständig verhinderte, dass er einen festen Wohnort fand und mit seiner Partnerin sesshaft wurde. Als er sich nach dem Bericht seiner Großmutter zum ersten Mal fragte, ob auch in ihm die Angst lebte, zu lange an einem Ort zu bleiben und vielleicht von seiner Freundin verlassen zu werden, musste er weinen. Obwohl in seinem Leben noch nie etwas Derartiges passiert war, lebten in ihm die beiden größten Ängste seiner Großmutter fort:

- »Du darfst dich nicht lange an einem Ort niederlassen, sonst passiert etwas Schlimmes.«
- »Wenn du einen festen Lebenspartner hast, wird er dich verlassen.«

Solange Marco nichts von dieser Warnung aus der Familienchronik wusste, hatte das Thema »Zusammenziehen« einfach nur »diffuse Angst« in ihm erzeugt. Durch den Bericht seiner Großmutter war nun klar, dass diese Angst gar nicht seine war und ihn deshalb auch nicht vor einem Beziehungsrisiko warnen sollte.

Magische Momente, in denen sich die Wirkung der Familienchronik zeigt

Direkte Wirkungen

Wenn Mitglieder Ihrer Familie Ihnen plötzlich nie geahnte unerwartete Widerstände entgegensetzen, Druck auf Sie ausüben oder scheinbar unlogische, sinnlose Dinge tun, versucht gerade die Familienchronik, Sie am Ausbrechen zu hindern.

- Wenn Sie Erfolg haben, sagen Ihre Eltern: »Das liegt an unserer Erziehung.« Die Familienchronik wurde geachtet.
- Falls Sie weniger Erfolg haben, sagen Ihre Eltern: »Das liegt daran, dass du nie auf uns gehört hast.« Die Familienchronik wurde nicht geachtet.
- Sie lieben jemanden, der nicht in die Familientradition passt, und es gibt Widerstände.
- Sie haben geheiratet, und plötzlich geben Ihnen die Schwiegereltern Ratschläge oder Anweisungen. Zuvor war das kein Thema.
- Sie möchten heiraten, und Ihr Vater oder Ihre Mutter verändern ihr Verhalten Ihnen gegenüber deutlich.
- Sie ergreifen einen Beruf, der nicht zur Planung Ihrer Eltern passt, und diese verändern ihr Verhalten deutlich.
- Sie gehen anders mit Geld um, als es der Tradition Ihrer Eltern entspricht. Das findet nicht die Zustimmung Ihrer Eltern.
- Sie kommen einer Ihnen zugedachten Aufgabe im Familiensystem nicht nach und ernten dafür Druck oder Ablehnung.
- Sie wollen etwas von Ihren Eltern Erschaffenes nicht weiterführen und ernten Vorwürfe.
- Sie setzen einen Lebenspartner an die erste Stelle in Ihrem Leben, und ein Elternteil macht Ihnen dafür Vorwürfe.

*Wenn sich Familienmitglieder
gegen eine von Ihnen angestrebte Veränderung wehren,
will die Kraft der Chronik
die alte Geschichte in Ihnen weiterschreiben.*

Indirekte Wirkungen

Das Buch Ihrer Familienchronik kann wie ein eigener Magnet ähnliche Situationen und Menschentypen anziehen, wie sie auch schon von Ihren Eltern oder Großeltern angezogen wurden.

- Ihr Partner oder Ihre Partnerin verhält sich nach einer Weile ganz ähnlich, wie sich Ihr Vater oder Ihre Mutter in deren Beziehung zueinander verhalten haben.
- Sie sind genauso oft getrennt, geschieden und wieder verheiratet wie Ihre Eltern. Vielleicht sogar in ähnlichen Alters-Zeitfenstern.
- Sie kommen auf der Suche nach einem stabilen Wohnort einfach nicht zur Ruhe. Wie es auch bei Ihren Eltern oder Großeltern der Fall war.
- Ihre Partner sind ebenso wenig für Sie emotional »verfügbar«, wie es Ihr Vater für Ihre Mutter war.
- Ihr Herzmagnet zieht Partner mit ganz ähnlichen Eigenschaften, Problemen oder Verhaltensweisen an, die auch ein Elternteil oder Großelternteil hatte.
- Sie erleben ähnliche berufliche Herausforderungen, vor denen auch Ihre Eltern standen, obwohl Sie einen anderen Berufsweg haben.
- Was Sie erlebt und durchlebt haben, erlebt später auch eines Ihrer Kinder.
- Was andere Menschen Ihnen zufügen, wurde auch Ihrer Mutter oder Ihrem Vater zugefügt.
- Sie bekommen Kinder oder keine, erwünscht oder unerwünscht – ganz ähnlich wie bei Ihren Eltern.
- Sie erleben einen Verlust, ähnlich wie es auch bei Ihren Eltern war.

Immer wenn Sie bekannte Szenen aus Ihrer Familie in Ihrem eigenen Leben wiederentdecken, ist es sehr wahrscheinlich, dass die Familienchronik sie angezogen oder erschaffen hat.

Die Befreiung Ihres Herzmagneten von den Wirkungen der Familienchronik

Erinnerungen, Zellgedächtnis, Erziehung und Macht sind die Hauptwerkzeuge, die aus der Familienchronik heraus in Ihr Leben hineinwirken. Deshalb finden Sie genau dort die einfachsten Möglichkeiten zur positiven Veränderung Ihres Herzmagneten.

Die Erinnerungen und die Befreiung aus der Familienchronik

Was Sie über Menschen, Beziehungen, die Welt und Ihr Leben denken, baut zu einem großen Teil auf Ihren Erlebnissen und Erinnerungen auf. Sie können nicht verändern, was Sie beobachtet, erlebt und gefühlt haben, aber Sie können verändern, was Sie damals daraus gemacht haben.

- Das Bessere erleben: Beobachten Sie die Welt neu, und richten Sie sich dabei auf Ereignisse und Beziehungen aus, die besser sind als das, was Sie erlebt haben. Viele gute Dinge zu sehen und zu erleben, überschreibt immer stärker die Erinnerung an die unguten Dinge.

- Den Abstand fühlen: Erschaffen Sie inneren Abstand zu Ihren Erinnerungen. Vielleicht können Sie sich vorstellen, dass es ein Film war, der schon lange beendet ist. Rufen Sie sich immer wieder die Zeitspanne in Erinnerung, die inzwischen vergangen ist. Damit helfen Sie Ihrem Gedächtnis, nachzuvollziehen, dass diese Erfahrungen schon lange nicht mehr wahr sind.
- Nur eine Version von Wahrheit: »Was ich erlebt habe, war nur eine einzige Wahrheit zu einem Thema. Es war das, was meine Eltern ausprobiert haben. Dieselbe Sache kann auch ganz anders ablaufen und sehr gut werden. Wenn ich die Zutaten und meine Verhaltensweisen ganz neu mische.«

Das Zellgedächtnis und die Befreiung aus der Familienchronik

Erfahrungen, die Ihre Eltern oder Großeltern gemacht haben, können in einfacher Form auch in Ihren Zellen stecken. Falls Sie beispielsweise Angst vor etwas haben, obwohl Ihr Verstand Sie seit Jahren beruhigt, dass es dafür keinen Anlass gibt, könnte diese scheinbar grundlose Angst aus dem Zellgedächtnis kommen. Sie ist vererbt.

Ein Beispiel: Wenn Ihre Eltern Angst vor Hunden hatten, weil es dazu ein schlechtes Erlebnis gab, könnte in Ihren Zellen ebenfalls Angst vor Hunden stecken, obwohl Sie niemals ein schlechtes Erlebnis mit Hunden hatten.

Nun haben Sie zwei Möglichkeiten:

- **Selbst tun:** Sie können viele Male Hunde streicheln, mit Hunden spielen oder sich gar einen Hund zulegen, bis der letzte Funken Angst verschwunden ist. Damit haben Sie die Zellinformation gelöscht, und Ihr Herzmagnet strahlt keine Angst zu dem Thema mehr nach außen aus. Was dazu führt, dass Sie solche Situationen auch nicht mehr anziehen.

- **Intensiv beobachten:** Die andere Möglichkeit besteht darin, möglichst häufig zu beobachten, wie wunderbar leicht und gefahrlos überall um Sie herum Menschen mit Hunden umgehen. Ihr Unterbewusstsein empfindet eine genaue Beobachtung als fast genauso real, als würden Sie es selbst tun. Irgendwann wird die neue Botschaft Ihre Zellen erreichen: Hunde sind prima und kein Grund für Angst.

  Dieses Beispiel können Sie auf alle möglichen Situationen übertragen.

Die Erziehung und die Befreiung aus der Familienchronik

Die Erziehung der eigenen Kinder gut hinzubekommen, gehört zu den schwierigsten Aufgaben, die ein Mensch haben kann. Denn fast alles, was man als Elternteil seinem Kind jetzt anerzieht, wird sich in zig Jahren irgendwie auswirken. Wer kann schon so weit vorausblicken und dabei alle Kettenwirkungen abschätzen?

Wo anerzogene Fähigkeiten Ihnen heute nützlich sind, können Sie Ihren Eltern also dankbar sein. Wo etwas sinnlos oder schlicht falsch war, wäre es ideal, das Thema einfach bei dieser Feststellung zu belassen.

Die Erziehung als Magnet erkennen

Prüfen Sie, ob Ihr Magnet Menschen anzieht, die Ähnlichkeit mit den »Erziehungsberechtigten« aus Ihrer Kindheit haben.

- Erzeugt der Umgang mit einem Vorgesetzten im Beruf eventuell ähnliche Gefühle wie die Beziehung zu Ihrem Vater?
- Sprechen Ihre Partner manchmal ähnliche Sätze aus, wie Sie es von einem Ihrer Elternteile kennen?
- Verhalten sich Ihre Partner manchmal wie Erzieher mit ähnlichen Sanktionen oder Lösungsvorschlägen, wie Sie es von zu Hause kennen?

Dann könnte die Erziehung aus der Familienchronik gerade versuchen, altbekannte Situationen in Ihrem Leben herzustellen. Drei grundlegende Beschlüsse aus tiefem Herzen können diese Wirkung löschen:

- »Niemand erzieht mich heute noch, denn ich bin kein Kind. Heute entscheide ich freiwillig und bewusst.«
- »Mein Partner ist mein Partner und kein Elternteil.«
- »Meine Eltern haben mir gegenüber heute keine Erziehungsrechte mehr. Ich entlasse sie aus ihrer Aufgabe.«

Mit diesen Beschlüssen verlassen Sie spürbar Ihre alte Rolle aus der Familienchronik, der Sie entwachsen sind. Für Ihren Herzmagneten bedeutet das: Sie werden in Zukunft weniger Situationen anziehen, in denen Sie respektlos behandelt werden.

Die Macht und die Befreiung aus der Familienchronik

Sich von der Ausübung einer Macht durch einen Menschen im Familiensystem oder auch in einer Beziehung zu befreien, scheint auf den ersten Blick einfach zu sein. Man könnte den Kontakt zu der betreffenden Person abbrechen, alle Verbindungen zerschneiden und anschließend ein freieres Leben führen.

Doch wir sind soziale Wesen, fühlen uns verbunden, lieben einen Menschen trotz unguter Anteile. Unterschriften auf Papieren verstricken uns vielleicht miteinander, oder wir fühlen die Verpflichtungen, möchten andere Beteiligte nicht allein zurücklassen und so weiter. Es gibt viele Gründe, warum man einen Machthaber nicht so einfach aus dem Leben verbannen kann oder möchte. Dennoch bleibt der Wunsch nach Freiheit.

Mit drei Entscheidungen verschaffen Sie sich deutlich mehr Unabhängigkeit und befreien Ihren Herzmagneten von Machtausübung:

1) Auf die Vorteile verzichten

Macht entsteht, wenn der Unterlegene glaubt, es hätte nachteilige Konsequenzen, wenn er dem Überlegenen die Gefolgschaft verweigert. Viele dieser Ängste vor möglichen Folgen sind unwahr oder vom Machtbesitzer dramatisiert. Macht und Abhängigkeit bauen immer darauf auf, dass der Unterlegene vor den Folgen einer unterbrochenen Beziehung Angst hat.
In dem Moment, in dem Sie innerlich auf Vorteile verzichten, die der Machthaber Ihnen anbietet, und die Folgen Ihrer Entscheidung annehmen, sind Sie frei. Selbst wenn es nicht auf einmal geht, so ist jeder Schritt ein Gewinn.

Viele Formen von Macht bauen allein auf dem Glauben und den Verlustängsten des Unterlegenen auf. Wenn dessen Glaube an die Macht verschwindet und er einen Verlust in Kauf nimmt, verliert die Macht alle Wirkung.

2) Die Deutungshoheit zurückholen

Ein weiterer Pfeiler fremder Macht über Ihr Leben entsteht, wenn Sie einem anderen die sogenannte »Deutungshoheit« zugestehen, also das Recht, die Wahrheit festzulegen.
Dass Eltern die Wahrheit für das Kind festlegen, ist in frühen Jahren überlebenswichtig und ganz normal. Weil aber ein Kind in winzigen Schritten erwachsen wird und manche Eltern das nicht wirklich realisieren, lassen sie die Deutungshoheit nicht los. Sie behalten die Macht zu entscheiden, weil

sie nicht das Gefühl verlieren möchten, eine Mutter oder ein Vater zu sein. Falls Sie das auf einem Gebiet erkennen, holen Sie sich innerlich die Deutungshoheit zu dem Thema zurück.

Manchmal hilft es, sich an die Erkenntnisse der großen Philosophen zu erinnern: Jede von einem Menschen ausgesprochene scheinbare Wahrheit ist immer nur seine persönliche Meinung und nicht die Wahrheit selbst.

3) Jede Entscheidung selbst tragen

Der dritte Pfeiler einer eventuellen Macht über Ihr Leben entstand, als Sie die »Entscheidungshoheit« ganz oder teilweise abgegeben haben. Oft glaubt man aufgrund von Auftreten und Erfolgen eines anderen, dass dieser auch besser und erfolgreicher über das eigene Leben entscheiden könne als man selbst.

Holen Sie sich das letzte Wort über Ihr Leben und Ihre Entscheidungen wieder zurück. Tragen Sie die Verantwortung, die aufgrund Ihres letzten Wortes auf Sie übergeht, mit Freude. Es ist Ihr Leben, und am Ende möchten Sie stolz darauf sein können, dass Sie es auf Ihre eigene Art gemeistert haben.

Familienchronik: Grund und Sinn

Grund

- Ein Grund, warum jeder Mensch den Kräften seiner Familienchronik ausgesetzt ist, liegt in der naturgewollten Weitergabe von Erfahrungen zum Leben. Ob diese Erfahrungen für Sie persönlich passend und gut sind, spielt dabei zunächst keine Rolle.
- Ein weiterer Grund ist der häufige Wunsch von Eltern, ihre Kinder als eine verbesserte Version von sich selbst zu erschaffen. Natürlicherweise aufgrund von Erfahrungen aus der eigenen Vergangenheit, was aber für die Zukunft nicht immer die ideale Basis ist.

Sinn

- Der Sinn, dass Sie Teil einer Familienchronik sind, liegt zunächst einmal darin, die Geschichte weiterzuschreiben. Ihre Kapitel können dabei auch den Weg einer Befreiung beschreiben.
- Der tiefe Sinn, den Kräften Ihrer Familienchronik ausgesetzt zu sein, besteht darin, dass Sie erkennen, welcher Teil aus der Geschichte Ihrer Familie Sie gar nicht selbst sind. Um dann das zu leben, was Sie in Wahrheit sind.

Erlebtes Wissen zum achten Geheimnis

- Wenn Ihnen Dinge widerfahren, die auch Ihren Eltern widerfahren sind, wirkt sehr wahrscheinlich die Kraft des Familiensystems.

- Wenn sich manche Ihrer Beziehungspartner oder beruflichen Vorgesetzten ähnlich wie Ihre Elternteile verhalten, hat die Kraft Ihres Familiensystems Sie zu diesem Erlebnispunkt geführt.
- Vergleichen Sie auffällige Ereignisse und Beziehungsabläufe bei Ihren Eltern und Großeltern mit denen aus der Familie Ihres Beziehungspartners. Wo finden Sie echoartige Ähnlichkeiten? »Bei meiner Mutter war es so und so. Bei seiner Mutter ebenfalls...« »Ihr Vater war nie für sie da. Meiner war ebenfalls nicht für mich da.«

Wie Sie Ihren Magneten neu ausrichten

- Kämpfen Sie nicht gegen Meinungen. Es sind nur Gedanken und Worte. Belassen Sie diese beim anderen, und leben Sie nach Ihrer Wahrheit.
- Wenn jemand Sie binden will, lassen Sie möglichst das los, was er als Werkzeug für die Bindung benutzt.
- Finden Sie heraus, ob Sie in einem Lebensbereich in eine Gegenhaltung gerutscht sind – vielleicht, um Ihren Eltern zu zeigen, dass deren Meinung nicht die einzig Richtige ist. Es könnte sein, dass dieser Gegenteil-Zustand in Wahrheit gar nicht zu Ihrem Herzensweg gehört.
- Vielleicht spielen Sie den Gedanken durch, wie Sie handeln würden, wenn keine Familie existierte, die Sie dabei beobachtet und bewertet. So finden Sie vielleicht eine neue Lösung oder Richtung.
- Erkennen Sie die Familienchronik an, aber nutzen Sie Ihre Freiheit, Ihre ganz eigenen Kapitel hineinzuschreiben.

Das neunte Geheimnis

Wahrheitsfunken

Ihr Herz sehnt sich
nach Wahrheit und Wahrhaftigkeit.
Ihr Verstand möchte seine Ziele erreichen.
Das kann zu Konflikten führen,
die Sie nie gewollt haben.

Die Wahrheit ist eines der größten Themen der Menschheitsgeschichte und gleichzeitig eines der wichtigsten Themen in jeder Art von Beziehung: Denn die Menge an Wahrheit bestimmt die Menge an Vertrauen. Die Menge an Vertrauen wiederum bestimmt die Menge an möglicher Liebe. Wahrheit, Vertrauen und Liebe sind also immer miteinander verbunden.

Gleichzeitig kann zu viel Wahrheit auch etwas zerstören. Sie entblößt einen Menschen, nimmt ihm seinen Schutz, legt Schwächen offen und enttarnt vielleicht alles, was er sich angeeignet hat, um das Leben oder seine Beziehungen zu meistern. Nicht jeder möchte das. Nicht jeder kann damit umgehen. Deshalb ist unser aller Beziehung zur Wahrheit so verschieden.

Doch obwohl es oft ein schwieriges und riskantes Thema ist, lieben wir kaum etwas mehr, als über jemanden eine Wahrheit erfahren zu dürfen. Ihn ohne eine Kulisse zu erleben, macht ihn zwar ungeschützt und verletzlich, aber eben auch menschlich und uns ähnlicher.

Der Umgang mit dem Thema »Wahrheit« kann also in manchen Situationen zu einer großen Aufgabe werden, die viel Fingerspitzengefühl verlangt.

Was ist ein Wahrheitsfunke?

Ein Wahrheitsfunke ist eine bestimmte Menge an Wahrheit, jenseits von persönlichen Meinungen und Plänen, die eine Situation in Bewegung bringt oder eine Kette weiterer Wahrheiten auslöst.

So ein Wahrheitsfunke kann ein erster winziger Zweifel an einer bisher geglaubten Überzeugung sein. Oder ein neuer Gedanke, eine neue Information, eine neue Frage. Solche Wahrheitsfunken können Sie selbst aktivieren und damit verfahrene Situationen in positive Bewegung bringen.

Woher die seltsam hohe Bedeutung der Wahrheit kommt

Vielleicht haben Sie schon festgestellt, dass Sie über eine Art zusätzlichen Sinn verfügen, der Ihnen meldet, wenn sich jemand unwahr verhält. Dann wird Ihnen mulmig, oder etwas fühlt sich unstimmig an. Irgendwie ist da ein Kontrast zwischen dem, was jemand spricht und tut, und dem, was Sie fühlen. Manchmal schafft der andere es, Sie von dieser Wahrnehmung wieder abzulenken, und Sie denken: »Vielleicht habe ich mich nur getäuscht.« Eines Tages jedoch könnten Sie feststellen, dass Sie von Anfang an richtig lagen. Dieser besondere Sinn für Wahrheit wurde im Laufe der Entwicklung der menschlichen Art unauslöschlich in die Tiefen Ihres Gehirns eingebaut. Sie haben ihn, weil es für Ihre Vorfahren überlebenswichtig war, einen Lügner und Täuscher von einem aufrichtigen Artgenossen zu unterscheiden. Wahrheit und Sicherheit hängen seit Anbeginn unserer Zeit direkt zusammen. Falls Sie also in Beziehungen immer wieder Wert auf dieses Thema legen, ist das ein ganz natürlicher Vorgang. Es ist die Grundlage, um sich im Zusammensein sicher und entspannt fühlen zu können.

Leni und die falschen Vorwürfe

Acht Jahre lang hatte Leni in einer Partnerschaft mit Adrian gelebt. Rückblickend war es die meiste Zeit nicht schön gewesen. Ihr Freund hatte ihr das Gefühl vermittelt, an allem, was zwischen ihnen nicht gut funktionierte, schuld zu sein. Als Grund führte er an, sie wäre nicht weit genug entwickelt. Das wiederum nahm er als Begründung für diverse Nebenbeziehungen. Jede davon zeigte Leni, dass sie es offenbar wirklich nicht schaffte, eine gute Partnerin zu sein. Voller Selbstvorwürfe und Zweifel fragte Leni sich immer wieder, warum ein so gutaussehender, erfolgreicher und selbstbewusster Mann wie Adrian überhaupt die Beziehung mit ihr aufrechterhielt. Vielleicht, weil er sie trotz all ihrer Fehler liebte? Doch glücklich machte sie dieser Gedanke dennoch nicht.

Eines Tages stellte Clara, eine Arbeitskollegin, in der Mittagspause eine Frage, die Lenis Leben für immer verändern sollte.

»Und was, wenn das alles nicht stimmt?«, fragte Clara.

Es war nicht das erste Mal, dass jemand Leni aufforderte, sie solle Adrians Vorwürfe nicht so einfach hinnehmen. In den vergangenen Jahren hatte sie immer wieder versucht, die vielen Vorwürfe irgendwie in Ordnung zu bringen. Sie hatte sich bemüht, Adrian hier mehr zu genügen oder dort an einem Verhalten zu arbeiten. Sie hatte versucht herauszufinden, ob etwas wirklich ihre alleinige Schuld war oder ob an der Sache vielleicht auch Adrian Anteil hatte. Leni hatte sich durchaus gefragt, ob manche der Dinge vielleicht nicht stimmten. Aber ALLES?

»Angenommen, dass alles, was er mir vorwirft, nicht stimmt«, fragte Leni ihre Kollegin, »warum wirft er es mir dann dennoch vor? Warum sollte ein Mensch so etwas tun?«

»Weil er dich damit unter Kontrolle behält«, sagte Clara.

»Er muss mich nicht kontrollieren, ich hatte nie vor, ihn zu hintergehen.«

»Aber vielleicht will er dich hintergehen«, sagte Clara. »Und er befürchtet, du könntest ihn daraufhin verlassen. Also muss er dafür sorgen, dass du immer ein schlechtes Gewissen hast. Solange es ihm gelingt, dich glauben zu lassen, alle Probleme wären deine Schuld, wirst du nicht gehen. Dann kann er dort draußen mit seinen Affären machen, was er will.«

»Das kann nicht stimmen«, sagte Leni.

»Warum nicht?«

»Weil das niemand tun würde.«

»Falsch«, sagte Clara. »Du würdest es nicht machen, Leni. Aber Adrian verschafft es die alleinige Macht zu entscheiden, was richtig und falsch in eurer Beziehung ist. Dich in Schuld zu versetzen, gibt ihm die Rechtfertigung, um parallele Beziehungen zu pflegen.«

Dieses kurze Gespräch setzte in Leni eine Kette von Gedanken in Gang. Vor ihrem inneren Auge fügten sich die Ereignisse und Situationen plötzlich zu einem ganz neuen Bild zusammen.

Es ging gar nicht um die Details ihres Verhaltens oder um ihre Fähigkeiten und Unfähigkeiten. Auch nicht darum, ob sie es schaffte, irgendwann alles so richtig zu machen, dass sie Adrian als Frau genügen konnte. In dem ganzen Spiel ging es einzig darum, ihr das Gefühl von Minderwert zu vermitteln. Damit sie unter Kontrolle blieb.

Diese Erkenntnis war der Schlüssel für Lenis Befreiung. Sie löste sich aus der Abhängigkeit und lebt heute mit einem achtsamen Partner zusammen.

Lenis Weg in die Liebe zu sich selbst

Unser Herzmagnet zieht nicht einfach an, was wir gerne hätten. Er zieht an, was zum Inhalt des Herzmagneten passt.

Leni glaubte von sich, keine respektierenswerte, gute Frau zu sein. Und sie glaubte, dass Adrian aufgrund seines überzeugenden Auftretens mehr Wahrheit besaß als sie.

Ihr unglücklicher innerer Zustand hielt genauso lange an, wie sie diese beiden Dinge glaubte. Das Unglück endete, als sie die eine Frage tief in ihrem Herzen zuließ: »Was, wenn das alles, was ich lange glaubte, nicht die Wahrheit wäre?«

Warum wir manchmal glauben, was uns nicht guttut

Unbedarftheit

Wenn Sie einen anderen Menschen grundsätzlich über sich selbst gestellt haben, glauben Sie seinen Aussagen manchmal so arglos, dass Sie sie zu keinem Moment anzweifeln. Selbst dann nicht, wenn es Ihnen längere Zeit nicht guttut. Das funktioniert ganz besonders, wenn die Behauptungen des anderen genau in die Kerben Ihrer Selbstzweifel hineintreffen. Unser Unterbewusstsein sucht immer nach Bestätigung der Dinge, die es ohnehin schon glaubt.

Sehnsucht und Wünsche

Manchmal können oder möchten wir eine Wahrheit nicht sehen, weil dann unser Traum wie eine Seifenblase zerplatzen könnte. Das Risiko, aufzuwachen, kann sich so bedrohlich anfühlen, als würde es uns zerstören. Später werden wir feststellen: Die Wahrheit hat uns nie zerstört. Sie hat uns immer aus einem unguten Zustand befreit. Und alles, was danach kam, war besser als alles, was davor war.

Angst

Manche Wahrheiten würden alles so stark verändern, dass man das Altvertraute einfach nicht mehr aufrechterhalten könnte. Unser Unterbewusstsein liebt aber Altes und Vertrautes, weil es sicherer und kontrollierbarer ist als eine ganz neue ungewisse Zukunft. Diese Angst vor Veränderung kann das Unterbewusstsein dazu bringen, an einer Unwahrheit bis zum letztmöglichen Zeitpunkt festzuhalten.

Wenn etwas nicht gut verläuft,
beginnt eine positive Veränderung immer mit dem Mut,
jene Wahrheit infrage zu stellen,
die Ihnen bisher über Sie vermittelt wurde.

Warum die Wahrheit so viele Gesichter hat

Im zweiten Geheimnis haben Sie sich daran erinnert, dass jeder Mensch zu einem großen Teil in seiner ganz eigenen Welt lebt und nur zu einem geringen Teil Ihre Welt teilt. Die persönliche Seifenblase filtert aus der realen Welt nur einige Anteile heraus, der Verstand ergänzt vieles hinzu und daraus entsteht eine Sichtweise, die der Mensch als wahr empfindet.

Seine Wahrheit und Ihre Wahrheit sind also nicht automatisch identisch. Aber Sie brauchen unbedingt gemeinsame Wahrheiten, weil ohne sie keine gute Beziehung möglich ist.

In einer Beziehung haben Sie also immer wieder die Aufgabe, Ihre beiden Welten zu vergleichen, sich abzugleichen und eine gemeinsam gelebte Wahrheit herzustellen. Etwas, über das Sie sich vollkommen einig sind.

Ihre gemeinsame Wahrheit ist die Bühne,
auf der Ihre gesamte Beziehung stattfindet.
Sie ist der Boden für Ihre Freundschaft
und die Nahrung für Ihre Liebe.
Je größer diese Bühne ist,
umso schöner ist Ihre Beziehung.

Warum es nicht so einfach ist, die Wahrheit zu sagen

Psychologen haben herausgefunden, dass Menschen im Durchschnitt bis zu zweihundert Mal am Tag nicht die Wahrheit sagen. Eine Zahl, die sicherlich davon abhängt, wie der Alltag aussieht und was man als Wahrheit definiert. Doch selbst, wenn es deutlich weniger wäre, ist eines sicher: Kaum jemand sagt immer nur die Wahrheit.

Wenn Sie zum Beispiel von einem Kollegen gefragt werden, wie es Ihnen geht, und Sie antworten: »Danke, gut«, obwohl Sie am Morgen Ärger mit Ihrem Lebenspartner hatten, so wäre das – genau genommen – eine Unwahrheit.

Doch die kleine Lüge sorgt dafür, dass Ihr Problem nicht aufgebauscht wird und Sie mit dem Kollegen einen neutralen oder guten Tag verbringen können. Sie bekommen keine noch schlechteren Gefühle, die anderen bleiben raus aus der Sache, und in der Summe hat die Lüge, für alle Beteiligten gesehen, eine gute Wirkung.

Wenn Sie – andersherum – nach einem Tag mit Ärger im Büro nach Hause kommen und Ihrem Partner auf seine Frage antworten, es wäre ein guter Tag gewesen, so hätte dies nicht automatisch eine gute Wirkung. Ihr Partner könnte Ihre Lüge spüren und misstrauisch oder traurig werden, weil Sie nicht offen sind. Deshalb würden Sie ihm vielleicht über Ihren Ärger im Büro lieber die Wahrheit sagen.

Falls es Ihrem Partner aber gerade selbst nicht gut geht, würden Sie Ihre Wahrheit wahrscheinlich zurückstellen, denn Sie wollen ihm nicht noch mehr ungute Gefühle aufbürden.

Die Wahrheit und Ihr Herzmagnet

Grundsätzlich strahlt Ihr Herzmagnet Ihre Gedanken und Gefühle nach außen aus und zieht Menschen an, die auf die eine oder andere Art zum Ausgestrahlten passen. Wenn Sie viel Wert auf Ehrlichkeit und Wahrheit legen, könnten Sie also anziehen:

- Menschen, die es ebenso aufrichtig mit Ihnen meinen und selbst großen Wert auf Offenheit und Wahrheit legen.
- Menschen, die selbst keine so ausgeprägte Wahrheitsliebe haben, Sie aber attraktiv finden, weil es in deren Augen eine bewundernswerte, interessante oder liebenswerte Eigenschaft ist.
- Menschen, die Ihre Wahrheitsliebe als Naivität, Unbedarftheit oder Schwäche einstufen und deshalb glauben, Sie gut unter Kontrolle zu haben.
- Menschen, die Ihnen Ihre Wahrheitsliebe als Manipulation oder Druckmittel vorwerfen.

Auf Dauer kommen nur Menschen
mit einer ähnlichen Auffassung von Wahrheit
wirklich gut miteinander klar.
Weil das Streben nach Wahrheit
eine im Herzen verankerte Sehnsucht ist,
die man nicht wegdiskutieren kann.

Der Wahrheitsfunke und das Ende von Schuldgefühlen

Schuldgefühle sind eine der größten Plagen für Ihr Herz. Manche Selbstvorwürfe können einen über Jahre hinweg richtiggehend zermürben. Dieser Zustand könnte dann auch in Ihrem Herzmagneten wirken und Menschen anziehen, die Ihnen noch mehr Schuldgefühle machen. So entstehen die bekannten Situationen, in denen jemand sagt: »Ich mache mir schon genug Vorwürfe, da will ich nicht noch jemanden, der das verstärkt.«
Manche Menschen arbeiten ihr halbes Leben oder länger an den immer gleichen Schuldgefühlen, und es wird dennoch kaum besser. In vielen Fällen kann der Einsatz des Wahrheitsfunken, hier eine erhebliche Befreiung bewirken. Der Weg ist sehr einfach, und Sie können es sofort anwenden.

Der maximal einfache Grund eines Schuldgefühls lautet: »Nein«
Nein, das habe ich nicht gut gemacht. Nein, das hätte nicht passieren dürfen. Nein, ich habe die Vorgaben nicht erfüllt. Nein, da war ich kein guter Mensch. Ihr Schuldgefühl will unbedingt, dass Sie sich hier und jetzt selbst für vergangene Handlungen ablehnen. Nur davon lebt es. Solange sich das »Nein« in Ihnen wiederholen darf, solange lebt auch das Schuldgefühl.

Der maximal einfache Ausweg aus Schuldgefühlen lautet: »Ja«
Der Wahrheitsfunke für vergangene Situationen
»Ja, die Wahrheit ist: Ganz genau so war es. Ja, die Wahrheit ist, dass ich damals unwissend, ungeschickt, unbedarft, naiv war. Ganz genau so war es. Ja, ich habe es nicht gewusst. Ja, ich wüsste es heute besser. Ja, ich habe ungewollte Folgen bewirkt. Ja, sofern ich es besser gewusst hätte, hätte ich es liebend gerne besser gemacht. All das ist die Wahrheit.«

Der Wahrheitsfunke für heutige Situationen und Beziehungen

»Ja, es ist wahr, diese Fähigkeit besitze ich wenig, aber das macht nichts.«
»Ja, hierin bist du besser. Das ist kein Problem. Sei besser.«
»Es ist die Wahrheit, dass ich hier einen Fehler gemacht habe. Aber ein Vorwurf ist kein Werkzeug, es zu verbessern. Ein Vorwurf ist ein Werkzeug für Schuldgefühle, Macht und Abhängigkeit.«

Kein Kläger.
Kein Richter.
Keine Anklage.
Keine Verteidigung.
Nicht in meinem Kopf.

Der Wahrheitsfunke und das Ende von Streit und Abhängigkeit

Fast jeder Streit braucht eine immer gleiche Grundlage: Einer sagt etwas, der andere sagt zu einem Teil davon »Nein« und behauptet dann etwas Gegenteiliges. Einfach ausgedrückt beruht ein Streit immer auf einer Startbehauptung und dem Reflex des anderen, diese Behauptung abzuwehren. Plötzlich geht es gar nicht mehr nur um die Sache. Es geht um den Angriff und die Verteidigung und darum, sich nicht unterkriegen zu lassen. Es geht darum, wer wem am Ende zustimmen muss, fast egal ob es wirklich wahr ist. All das wäre zunächst einmal natürlich.

Doch beim Verteidigen gegen Vorwürfe werden zwei Dinge ganz sicher am Leben gehalten: die Vorwürfe und die Verteidigung. Wenn die Auseinandersetzung nie tiefer geht als das, wird sie auch nie grundlegend aufgelöst. Der Wahrheitsfunke kann der Weg in die Befreiung aus solchen Wiederholungen sein.

Die nächste Stufe von Wahrheit

Hinter all den Details eines Streits steckt in Wahrheit ein viel tieferer Vorwurf: »Du bist nicht vollkommen. Du machst Fehler. Du machst Dinge falsch oder anders oder unzulänglich. Du machst Dinge nicht so, wie ich es will.«
Die Wahrheit würde lauten: »Ja! Ganz genau so ist es.«
Dieses offene Bekenntnis ist der Weg in die Befreiung von Rechtfertigung und Schuldgefühlen.

Die verschiedenen Stufen auf der Reise zu einer Wahrheit

- Nichts ahnen.
- Etwas ahnen, es aber nicht sicher wissen.
- Etwas ahnen, aber nicht wissen wollen.
- Es wissen, es aber ablehnen.
- Es wissen, auch nicht ablehnen, aber keine Folgen daraus ins Leben bringen.
- Es wissen und annehmen und auf fremde Handlungen warten.
- Es wissen und eigene Handlungen ableiten.

Der magische Moment, in dem sich ein Wahrheitsfunke zeigt

Die positiven Erlebnisse

- Eine alte Situation lässt Sie plötzlich los.
- Sie fühlen sich erleichtert.
- Innere Konflikte und alte Gedankenschleifen verschwinden.
- Schuldvorwürfe lösen sich auf.
- Sie werden kreativ und überlegen ganz neue Möglichkeiten.
- Ihr Selbstbewusstsein kommt zurück oder wird stärker.
- Sie spüren eine große Kraft für Neues in sich aufkommen.
- Sie sind von einer Erkenntnis begeistert.
- Sie werden konsequent und klar.
- Sie haben Ideen für Veränderung.

Die herausfordernden Erlebnisse

- Sie sind von der alten Situation gefühlsmäßig frustriert.
- Sie könnten sich Selbstvorwürfe machen, dass Sie es nicht früher erkannt haben.
- Dass Sie konsequent und klar werden, erfordert Veränderungen, die bei anderen Widerstand auslösen.
- Manche Beziehungen verändern sich.
- Sie haben vielleicht Angst vor den Folgen von dem, was Sie gerade erkennen.
- Der andere verstärkt den Druck seiner bisherigen Botschaften auf Sie.
- Der andere spricht lieber über sich und seine Befindlichkeiten, als auf Ihre Wahrheitssuche einzugehen.

Die Verstärkung Ihres Herzmagneten durch Wahrheitsfunken

Wenn Sie beobachten, dass Ihr Herzmagnet ungute Situationen oder Beziehungsabläufe anzieht, könnten Sie untersuchen, ob Sie irgendwo zu wenig oder zu viel Wahrheit ausstrahlen oder leben.

Die richtige Menge an Wahrheit – vier gute Ideen

Die folgenden Ideen könnten Ihnen als Leitfaden dienen, um die richtige Verhaltensweise zum richtigen Zeitpunkt herauszufinden.

1) Die Ebene beachten

Wenn Sie jemand etwas fragt und dabei nur eine bestimmte Tiefe als Antwort erwartet, kann er sich bedrängt fühlen, wenn Sie mehr Wahrheit offenbaren, als er möchte. Als Folge davon könnte der andere sich aus dem Kontakt zurückziehen. Falls Sie das nicht beabsichtigen, gilt es, zuerst herauszufinden, wie sehr er wirklich an dem Thema interessiert ist. Wo nur Plauderei erwartet wird, kann eine zu tiefe Wahrheit genau das Gegenteil Ihrer guten Absicht bewirken und Ihnen Gegendruck statt Fortschritt liefern.

Die erste gute Idee:
Ob man jemandem eine Wahrheit sagt,
hängt stark davon ab,
ob der andere es auch wirklich erwartet.

2) Die Dosis abwägen

Viele Menschen haben sich eine persönliche Welt geschaffen, die für sie irgendwie ganz gut funktioniert. Es mag in ihren Augen viel zu verbessern geben, aber im Erleben des anderen könnte ihre Wahrheit alles verschlechtern.

Wenn Sie jemanden beispielsweise darauf aufmerksam machen, dass er sich in seiner Beziehung jeden Tag nur selbst quält, mag das ein Wahrheitsfunke sein. Doch für ihn kann es Gründe geben, die stärker wiegen, sodass er dennoch so weitermacht. Und plötzlich wären Sie eine Art Angreifer der Beziehung, obwohl Sie ein Helfer sein wollten.

Die zweite gute Idee:
Wie viel man von einer Wahrheit erzählt,
sollte sich daran ausrichten,
was es mit dem anderen machen wird.

3) Die Seele berücksichtigen

Alles zu lassen, wie es ist, auch wenn es unwahr ist, kann dennoch viele praktische und vernünftig erscheinende Vorteile haben. Gleichzeitig kommt das wahre Glück aus der Seele, und wenn dauerhaft zu viel Unwahrheit im Leben herrscht, wird die Seele traurig und krank.

Für ein gutes Leben geht es also um die feine Abstimmung der Interessen der Seele mit den berechtigten praktischen Erwägungen des Verstandes

Die dritte gute Idee:
Wenn noch mehr Unwahrheit
oder noch länger andauernde Unwahrheit
das eigene Innere krank machen würde,
darf man nicht nur etwas sagen.
Dann muss man es sagen.

4) Die Würde bewahren

Einem Menschen auch bei angebrachter Kritik seine Würde zu lassen, ist wichtig für den weiteren Verlauf der Beziehung. Wenn eine Situation einmal entwürdigend war, ist das oft nur schwer zu reparieren. Eine Wahrheit kann Dinge aufdecken, durch die sich der andere in seiner Würde verletzt fühlt. Solange es nicht bis ins Letzte ausgesprochen wird, bleibt die Würde jedoch erhalten. Nutzen Sie die Kunst der diplomatischen und liebevollen Andeutung. So fühlt sich niemand angegriffen und niemand muss sich verteidigen. Jeder kann sein Gesicht wahren, und dennoch haben Sie die Botschaft gesetzt.

Die vierte gute Idee:
Manchmal kann bereits eine kleine Dosis
von einer insgesamt großen Wahrheit
alles wieder in Ordnung bringen.
Dann genügt es, einen Funken zu setzen.

Wahrheitsfunken: Grund und Sinn

Grund

- Ein Wahrheitsfunke mag manchmal unangenehm wirken, aber er taucht auf, um die Beteiligten daran zu erinnern, was sie vielleicht gerade tun. Was der Einzelne mit dem Funken anstellt, ist wiederum sein freier Wille.
- Ein Wahrheitsfunke offenbart Ihnen viel über den Menschen, auf den er trifft. Wie geht er damit um?
- In einer Umgebung von persönlichen Meinungen und Unwahrheiten bildet Ihre Suche nach Wahrheit einen hohen und stabilen Wert, an dem Sie sich immer orientieren können.

Sinn

- Die Sehnsucht nach der Wahrheit ist für viele Menschen ein hoher Wert, oft sogar ein Sinn im Leben. Ob das bei jemandem zutrifft oder nicht, entscheidet nur eine Tatsache: Trägt jemand die Wahrheitsliebe schon immer im Herzen? Man lernt sie nicht, man hat sie. Falls man sie zwischendurch einmal verliert, kehrt man letztlich dennoch wieder zu ihr zurück.
- In einer Situation aus Verwirrungen und Nichtwissen kann bereits ein einziger Funke von Wahrheit zum Beginn eines Lichtfadens werden, der alle aus dem Dunkel führt.

Erlebtes Wissen zum neunten Geheimnis

- Sehen Sie in Ihrem Leben nach, was mit einer Beziehung geschieht, wenn eine Unwahrheit einzieht. Sie werden feststellen, dass sie wie ein Magnet weitere Unwahrheiten und ungute Situationen nach sich zieht.
- Wahrheitsfunken können verschiedene Gefühle auslösen: Abwehr, Angst, Flucht, Überraschung, Erkenntnis, Liebe, Erleichterung … Auf jeden Fall gerät etwas in Bewegung, und Sie finden letztlich mehr zu der betreffenden Wahrheit.

Wie Sie Ihren Magneten neu ausrichten

- Eine Situation von Unwahrheit kann nicht durch das Hinzufügen oder Dulden weiterer Unwahrheiten repariert werden.
- Unwahrheiten, auch geduldete, füllen Ihren Herzmagneten auf und machen Sie traurig. Ihr Magnet wird umso freier, klarer und attraktiver, je mehr Unwahrheiten Sie beseitigen.
- Geben Sie das Interesse an Unwahrheiten auf. Es hat eine eigene klebrige Kraft, die Sie binden möchte. Sich damit nicht mehr zu beschäftigen und stattdessen Wahrheit zu suchen, ist der gute Weg.
- Treffen Sie die Grundentscheidung, selbst ein Wahrheitsfunke zu sein. Das verändert Ihre Ausstrahlung deutlich.

Das zehnte Geheimnis

Der Gedanke, alles allein tun zu können,
macht einen Teil von Ihnen stark.

Der Gedanke, alles allein tun zu müssen,
macht einen anderen Teil von Ihnen traurig.

Sie müssen nicht alles allein schaffen.
Aktivieren Sie Ihre unterstützenden Kräfte.

Manchmal passieren die wichtigen Dinge im Leben nicht, wenn wir es wollen, nicht, wenn wir uns bemühen, nicht, wenn wir alles einsetzen oder alles Gelernte richtig anwenden. Und auch nicht, wenn wir wütend werden oder verzweifeln. Manchmal bewegt sich etwas erst dann, wenn wir schon gar nicht mehr damit gerechnet haben.

Wenn Sie – gefühlt – keinen Beitrag mehr geleistet haben, die betreffende Sache aber dennoch eintritt, so muss dieses Eintreten auch von irgendetwas bewirkt worden sein.

Möglicherweise haben Sie dieser Kraft, die letztlich immer wieder Gutes in Ihr Leben bringt, bereits einen Namen gegeben. Glück vielleicht. Oder Zufall. Fügung. Oder Schicksal. Oder gutes Karma. Oder Schutzengel ... Wie auch immer Sie es nennen – Sie beschreiben damit, dass Ihnen »etwas irgendwie« hilft. Als wäre es Ihr ganz persönlicher »verborgener Helfer«.

Die Frage ist nun, ob diese verborgenen Helferkräfte per Zufall arbeiten, ob sie arbeiten, wann sie Lust dazu haben, oder ob vielleicht Sie selbst diese Kräfte aktivieren können. Und falls ja: wie?

Die drei möglichen Handlungsarten auf Ihrem Weg

Wenn Sie zurückblicken und Ihre bisherigen Ziele und die Schritte dorthin ansehen, könnte Ihnen auffallen, dass es vor allem drei Arten von Handlungen gab:

- Handlungen, die Sie selbst tun mussten.
- Handlungen, die Sie nur anzustoßen brauchten.
- Handlungen, die Sie nicht tun sollten, durften oder konnten, obwohl Sie es vielleicht gerne getan hätten.

Interessant sind die letzten beiden. Warum gibt es Schritte im Leben, zu denen Sie kaum etwas tun sollen oder es sogar nicht einmal dürfen, obwohl Sie das so gerne würden? Warum kann sogar ein Schritt Ihrerseits alles kaputt machen, obwohl es doch heißt, jeder wäre seines Glückes eigener Schmied?

Liebe, Beziehungen und der Wattebausch im Wind

Stellen Sie sich vor, Sie sitzen an einem Tisch, und darauf liegt nichts weiter als ein leichter Wattebausch. Hinter Ihnen ist die Zimmertür, auf der gegenüberliegenden Seite befindet sich das Fenster. Als Ziel haben Sie sich vorgenommen: Der Wattebausch soll den Tisch verlassen. Sie denken einen Moment nach und kommen zu folgenden Möglichkeiten:

1) Sie können den Wattebausch einfach vom Tisch nehmen und auf den Boden fallen lassen.
2) Sie können ihn vom Tisch pusten.
3) Sie können den Tisch so stark kippen, bis die Watte hinabrutscht.
4) Sie können aufstehen, die Tür und das Fenster öffnen, sich wieder hinsetzen und warten, bis der entstehende Luftzug den Wattebausch vom Tisch wehen wird.

Die ersten drei Möglichkeiten führen sicher zum erwünschten Ziel. Die letzte aber nur vielleicht. Doch bei der letzten war Ihre Aufgabe anders. Sie machten zwei vorbereitende Handlungen (Tür und Fenster öffnen) und überließen die dritte Handlung (Watte wegwehen) der unsichtbaren Kraft des Windes, von der Sie wissen, dass sie existiert. Nur gab Ihnen diese Kraft keine Garantie, ob und wann sie stark genug sein würde, um die Watte vom Tisch zu blasen.

Viele Erfolge im Leben können wir mit den ersten drei Möglichkeiten herbeiführen. Manche jedoch nur mit der vierten. Besonders beim Thema Liebe und in Beziehungen kommen wir immer wieder in Situationen, die mit der Zartheit von Watte vergleichbar sind. Dann entscheidet letztlich der Wind unseres Lebens, ob und wann etwas wirklich geschieht oder nicht.

Mehr zu tun, als eine Möglichkeit vorzubereiten und es dann dem Leben anzuvertrauen, könnte vielleicht sogar alles kaputt machen.

Manchmal geschieht etwas Wichtiges und Gutes,
obwohl Sie scheinbar nichts getan haben.
In Wahrheit haben Sie aber dennoch etwas getan.
Wenn Sie herausfinden, was dies ist,
halten Sie einen wertvollen Schlüssel in der Hand.

Larissas bester Brief

Mit zweiundvierzig Jahren hatte Larissa auf fast allen Gebieten ein wirklich gutes Leben. Mit ihren zwei Kindern lebte sie in einer schönen Doppelhaushälfte. Nur wenige Straßen weiter wohnten ihre Eltern, die ihr mit den Kindern halfen. Das ermöglichte es Larissa, ihren geliebten Beruf als Innenarchitektin weiter auszuüben. Auch die Beziehung zum Vater der Kinder war respektvoll, eine Tatsache, die wie Larissa inzwischen wusste, durchaus ein Grund für Dankbarkeit gegenüber dem Leben war.

Nur auf einem Gebiet gab es eine kleine Unzufriedenheit: Larissa hätte sehr gerne wieder einen Partner gehabt, der sie und die Kinder annahm.

Eines Tages bekam sie den Auftrag, die Wohnung von Benjamin, einem Geschäftsmann, einzurichten. Bereits beim ersten Termin knisterte es zwischen den beiden, und kurz darauf hatten sie eine Art von Beziehung, wie Larissa sie noch nie zuvor erlebt hatte. Alles war so anders, alles war ein Abenteuer. Und Larissa erkannte, dass sie genau dieses Abenteuer und alle Gefühle, die es mit sich brachte, im Leben vermisst hatte.

Nach einiger Zeit flaute die wilde Welle der neuen Erlebnisse ab, und Larissa erinnerte sich an ihre Sehnsucht nach einem Lebenspartner für sich und die Kinder. So vorsichtig wie möglich versuchte sie, herauszubekommen, ob Benjamin auch an einer festeren Partnerschaft Interesse hatte. Doch bereits der erste Versuch, mit ihm darüber zu sprechen, veränderte die gesamte Beziehung. Benjamin zog sich in den nächsten Wochen immer mehr zurück, bis er ihr schließlich offenbarte, dass er die Beziehung beenden wollte.

Damit hätte es eigentlich gut sein können, doch nun ging bei Larissa ein ganz anderes Abenteuer los. Es war, als säße sie in einer Gefühlsachterbahn aus Liebe und Einsamkeit, Hoffnung und Ablehnung. Sie analysierte ihren Zustand und wusste bald, dass sie in einer Art Traum steckte, der nur in ihr selbst stattfand. Benjamin hatte die Beziehung klar beendet, aber sie konnte ihn einfach nicht loslassen. Obwohl Larissa wusste, dass sie sich damit nur selbst quälte und es sinnlos war, schrieb sie fast täglich E-Mails oder Kurznachrichten. Benjamin antwortete zunächst auf eine Art, die ihr bedeutete, ihn in Ruhe zu lassen. Später sperrte er sie von allen digitalen Kanälen aus.

Das war der Moment, in dem Larissa begann, Briefe zu schreiben. Doch auch darauf erhielt sie nie eine Antwort. Obwohl ihr alle Freude rieten und alles in ihr selbst rief »Lass ihn los«, konnte sie Benjamin nicht loslassen.

Auf diese Weise durchlebte Larissa anderthalb Jahre Leiden, bis sie eines Abends wieder am Küchentisch saß und zu einem Brief ansetzte. Zum ersten Mal fiel ihr auf, dass es in allem, was sie sagen wollte, um Schuld und Liebe und Schicksal ging. Und sie stellte fest, dass sich nichts von diesen drei Dingen durch die vielen Mails und Briefe verändert hatte. Larissa hatte Schuldgefühle. Sie liebte. Und sie wollte das Schicksal verändern. Das war am ersten Tag noch genauso wie an diesem Abend. Aber es machte keinerlei Sinn.

Als Larissa das in jeder Zelle ihres Körpers bewusst wurde, kam ihr ein ganz neuer Gedanke. Sie nahm ein frisches Blatt, setzte den Stift an und schrieb:

»Lieber Ben,

seit fast zwei Jahren kennen wir uns. Fast jeden Tag in dieser Zeit hatte ich die Hoffnung, dass alles gut wird. Ich glaubte daran, dass die Liebe, die ich spüre, uns am Ende doch noch zusammenbringen würde. Ich glaubte, ich hätte eine Art Aufgabe, und habe mich dafür verantwortlich gefühlt, ob unsere Beziehung letztlich noch gelingen wird. Ich dachte, ich hätte noch nicht genug gelernt, genug geliebt, genug gelitten oder genug getan, damit die Liebe uns wirklich verbinden kann.

Seit heute habe ich die Entscheidung darüber, was in Zukunft geschieht, an eine höhere Stelle abgegeben.
Das war es, was ich sagen wollte.
Larissa«

Auch auf diesen Brief erhielt sie nie eine Antwort. Dennoch war es die beste Antwort ihres Lebens. Denn nun hatte sie die Last der Entscheidung nicht mehr auf ihrem Herzen. Wenn Benjamin sich nicht meldete, hatte das Leben es entschieden.
Kurze Zeit darauf lernte Larissa einen neuen Mann kennen. Er hatte selbst zwei Kinder und war ehrlich an einer festen Partnerschaft mit ihr interessiert.

Die Sehnsucht nach dem erlösenden Abschluss

Kaum etwas ist unangenehmer oder quälender als eine Beziehung, die zu keinem guten Abschluss kommt. Gleichzeitig enden die meisten Beziehungen genau so: mit unausgesprochenen Worten und nie zu Ende gebrachten Handlungen. Die Beziehung bekommt keinen Ausklang, so wie es bei einem guten Roman oder Film der Fall ist. Stattdessen bleibt sie oft in einem unerlösten Schwebezustand, an den man sich Jahre oder Jahrzehnte lang erinnert. Einer oder beide warten insgeheim immer weiter auf eine letzte »gütliche« Reaktion, die ihnen zeigt, dass sie nicht bestraft oder abgelehnt wurden.
Manchmal bleibt sogar ein ewiger winziger Rest Fantasie, wie es wäre, am abgebrochenen Punkt weiterzumachen und doch noch alles zum Guten zu wenden. In den Worten einer Fernsehserie ausgedrückt, enden die meisten

Beziehungen nicht mit einem erlösenden Finale, sondern mit einem »Cliffhanger«. Sie brechen mitten in einer nicht aufgelösten Spannung einfach ab. Wenn Sie die gesamte Verantwortung für das Schlusskapitel in die Hände Ihrer verborgenen Helfer – vielleicht in die Ihrer geheimen Drehbuchschreiber – geben, erleben Sie wahrscheinlich eine große Befreiung. Denn nun müssen Sie es nicht mehr gut hinbekommen.

Was ist ein verborgener Helfer?

Ein verborgener Helfer ist eine Kraft, die Ihre Ziele und Vorhaben auf einer Ebene unterstützt, auf die Sie mit Ihrem Willen keinen Einfluss haben. Unser Verstand kann mit etwas, das er nicht sehen und kaum begreifen kann, nur schwer zusammenarbeiten. Gleichzeitig ist er aber der Entscheider, ob er eine Helferkraft einbindet oder nicht. Deshalb ist es wertvoll, eine persönliche Vorstellung von dieser Kraft zu haben.

Die persönliche Vorstellung genauer finden

Vielleicht arbeiten Sie bereits ganz gezielt mit verborgenen Helferkräften. Vielleicht ab und zu und eher zufällig. Und vielleicht noch gar nicht bewusst. Ihre ganz persönliche Vorstellung, worum es sich bei diesen Kräften handelt, ist eine gute Unterstützung, um sie gezielt einzusetzen. Da Menschen so verschieden sind, nützt es Ihnen wenig zu wissen, wie andere diese Kräfte nennen oder woran andere glauben. Sie benötigen Ihr ganz persönliches Wort dafür, Ihr besonderes Wissen oder Ihr »Gefühl, dass es etwas gibt, das mir hilft«. Dabei gibt es kein richtig oder falsch oder besser oder schlechter. Es gibt nur die Art und Weise, wie Sie es persönlich wahrnehmen. Falls Ihnen kein anderer Name dafür einfällt, nennen Sie es vielleicht ganz einfach »meine Helfer«.

Wem oder was sind Sie dankbar,
wenn etwas unerwartet Gutes geschieht?
Das ist die Stelle, mit der Sie künftig
enger zusammenarbeiten können.

Eine logische Brücke für das Denken in Kräften

Manchmal hadert der Verstand mit bestimmten Phänomenen, weil er keine Logik darin finden kann. Doch es gibt durchaus eine Logik hinter den Helferkräften.

Wenn etwas Positives, Lebensunterstützendes geschieht, Sie es aber selbst nicht herbeigeführt haben, könnten Sie denken, es wäre Zufall. Doch nur, weil eine Kette aus Dominosteinen lang ist und Sie ihren Anfang nicht sehen können, bedeutet dies noch lange nicht, dass die Steine vor Ihren Augen zufällig umfallen. Schon allein aufgrund der Naturwissenschaften und der Logik gibt es für jedes Ereignis eine Anstoßkraft. Dieser vorhandenen Anstoßkraft hinter dem Horizont könnten Sie einen Namen geben und dann damit arbeiten.

Ganz allgemein könnten Sie zum Beispiel sagen: »Ich wende mich an die Kraft, die alle großen Ereignisse in meinem Leben anstößt.«

Positive Auswirkungen bei der Arbeit mit verborgenen Helfern

Sie lassen los. Das setzt Kräfte frei.

Wenn Sie etwas an Ihre unsichtbaren Helfer abgeben, lassen Sie es logischerweise zu einem Teil los. Andersherum ausgedrückt, hören Sie auf, die Situation festzuhalten. Sobald diese Festhaltekräfte verschwinden, können andere Kräfte in Ihrem Leben wieder ins Fließen kommen und dabei Wege nutzen, die durch das Festhalten blockiert waren.

Sie geben einen »Auftrag« an Ihre Gedanken.

Wenn etwas feststeckt, haben sich oft die Gedanken an einer Lösungsidee festgefahren. »Ich muss genau durch diese Tür, mit genau diesem Schlüssel, aber mein Schlüssel will einfach nicht in dieses Schloss passen.« Je verklemmter es wird, umso mehr konzentrieren sich die Gedanken auf die verklemmte Stelle. Andere Lösungen werden immer weniger in Erwägung gezogen.

Die Übergabe an verborgene Helfer befreit den Verstand von der Fixierung, es auf genau diese eine Art lösen zu müssen.

Sie filtern das Gute aus der Welt.

Ab dem Moment, in dem Sie ein Thema ganz oder teilweise an verborgene Helfer übertragen haben, wird Ihr Unterbewusstsein nach positiven Anzeichen für entsprechende Ergebnisse suchen. Da das Unterbewusstsein einen großen Teil Ihrer persönlichen Realität aus der Welt herausfiltert und bei seiner Suche durchaus zuversichtlich gestimmt ist, wird sich Ihr Erleben der Welt positiv verändern.

Die Arbeit mit verborgenen Helfern
verändert Ihren Blick auf die Welt.
Ihr Unterbewusstsein achtet auf Anzeichen,
dass es positiv in Gang gesetzt ist.
Diese neue Sicht verändert Ihre Ausstrahlung.
Und diese wiederum zieht neue Ereignisse an.

Die Aktivierung Ihrer besten und stärksten inneren Kräfte

Die Zusammenarbeit mit einem verborgenen Helfer weckt eine Reihe positiver Kräfte in Ihnen, die sich wiederum positiv auf Ihren Herzmagneten und auf Ihren Lebensplan auswirken.

Dankbarkeit

Ganz unabhängig von allem Glauben oder Nichtglauben haben Wissenschaftler einen eindeutigen Zusammenhang zwischen der Fähigkeit, danken zu können, und einem guten Leben herausgefunden. Dankbare Menschen führen nachweislich ein glücklicheres, erfüllteres und – gefühlt – erfolgreicheres Leben. Das Fühlen verborgener Helfer oder das Wissen um sie eröffnet eine gute Möglichkeit, diesen Kräften oder dem Leben selbst Dankbarkeit entgegenzubringen.

*Die reine Tatsache, einen Lebenspartner zu haben,
erzeugt nicht automatisch Glück und Liebe.
Die Dankbarkeit, ihn zu haben, schon.
Deshalb ist jede Sekunde mit Dankbarkeit
eine Sekunde voller Glück und Liebe.*

Ein guter Beziehungsmagnet

Wo Ihr innerer Raum mit Dankbarkeit aufgefüllt ist, bleibt kein Platz für etwas Negatives. Gründe für Dankbarkeit zu haben plus das Vertrauen in helfende Kräfte, sind also große Verstärker für Ihre Ausstrahlung. Es zieht Menschen an, mit denen Sie sehr gute Beziehungen haben können.

Vertrauen und Mut

Zu fühlen, dass man nie allein ist, selbst wenn einem gerade kein anderer Mensch zur Seite steht, gibt Vertrauen und Mut. Beides stärkt Ihren Herzmagneten gerade in schwierigen Zeiten.

»Wenn eine verborgene Kraft mir sendet ›Das schaffst du‹, dann bekomme ich das Vertrauen, es auch wirklich zu schaffen.«

Begleitet sein

Einsamkeitsgefühle sind keine guten Magneten, denn sie ziehen entweder ebenfalls einsame Menschen an, denen man die Einsamkeit vertreiben soll. Oder man wird abhängig von der Anwesenheit und Zuwendung des anderen, was zu einer unguten Rollenverteilung führen kann.

Das Leben kann zwar immer wieder Zeiten des Alleinseins bringen. Die Zusammenarbeit mit verborgenen Helfern sorgt jedoch dafür, dass Sie sich niemals vollkommen verlassen fühlen.

Sie können es Glück nennen,
dann wäre es ein gelegentlicher Zufall.
Oder Sie nennen es Unterstützung,
dann haben Sie einen immerwährenden Helfer.

Anja entdeckt, dass jemand antwortet

Anja ist eine sehr rational erzogene und selbstständige Frau mit einer enormen Bandbreite an Fähigkeiten. Sie ist handwerklich begabt, kann sehr gut mit Menschen umgehen, ist schnell und intelligent, ist gut im Organisieren und löst Probleme, an denen andere fast verzweifeln, in Windeseile.

Anja hat in ihrem Leben schon fünf Geschäftsideen entwickelt und alle erfolgreich zum Laufen gebracht. Sie vertraut auf Zahlen und Fakten, aber auch auf ihre Erfahrung und ihren gesunden Menschenverstand. Kurz und gut ist sie eine multitalentierte junge Unternehmerin, die alles, was sie vorhat, mit großer Motivation und klarem Verstand angeht. Durch diesen selbst herbeigeführten Lebenserfolg gab es bislang keine Gründe, sich mit Dingen zu beschäftigen, die außerhalb ihrer Kontrolle liegen.

Weil Anja viele Leute kennt, werden ihr immer wieder neue Ideen angetragen. Und weil sie gerne hilft und sich dabei selbst gerne fordert, nimmt sie viele Projekte an. Oft allein schon um zu sehen, ob sie etwas zum Laufen bringen kann. Vor einigen Monaten stand Anja zum ersten Mal vor einer Herausforderung, die sie trotz all ihrer Fähigkeiten nicht bewältigen konnte. Dieses neue Projekt war sie selbst. Nach über drei Jahren Aufbau- und Organisationsarbeit einer landesweiten Veranstaltungsreihe war sie völlig ausgebrannt. Trotz aller Kraft keine Leistung mehr aus sich selbst herauszubekommen, war eine neue Erfahrung, und sie wusste nicht, wie sie damit umgehen sollte. Normalerweise fand ihr Verstand nach einer Weile zumindest den Beginn einer Lösung, doch genau dieser Verstand streikte nun. Anja konnte über ein Thema kaum noch länger klar nachdenken. Im Moment schaffte sie ihr Tagespensum noch, aber es bereitete ihr deutlich mehr Mühe als früher, und sie brauchte viel länger.

Auch die bis dahin gute Beziehung mit ihrem Mann Sven hatte sich erheblich verschlechtert. Anja wusste, dass eine Partnerschaft auch eine Art Projekt war und dass ihr die beruflichen Herausforderungen die notwendige private Zeit weggefressen hatten. Das spiegelte ihr noch mehr, dass sie ihr Leben offensichtlich nicht mehr im Griff hatte.

Eines Abends saß Anja wieder einmal ausgepumpt und leer im Hotelzimmer vor ihrem Notebook. Zum ersten Mal in ihrem Leben fragte sie sich tief verzweifelt, ob ihr Weg noch stimmte. Da sie bislang alles immer allein organisiert hatte, gab es niemanden, mit dem sie sich hätte besprechen können. Sie überlegte kurz, Sven anzurufen und sich Unterstützung zu holen, entschied sich aber dagegen, um die Beziehung nicht noch mehr zu belasten.

In ihrer Verzweiflung rief Anja in ihren Gedanken nach Hilfe. Schon im Moment ihrer Frage hörte sie eine Antwort. Anja war ganz und gar kein Mensch, der an unsichtbare Welten und ähnliche Dinge glaubte. Aber an diesem Abend hörte sie in ihren Gedanken definitiv und völlig klar eine Stimme mit einer Antwort. Sie überlegte, ob sie gerade ein Selbstgespräch führte, schloss es aber schnell aus, denn sie kannte ihre gedankliche Selbstgesprächstimme.

Die Antwort kam von einer Quelle, die sie bislang noch nie gefühlt, gehört oder auf andere Art erlebt hatte.

»Vielleicht ist das einfach eine neue Variante von Selbstgespräch«, sagte sie leise zu sich selbst. »Weil ich völlig überlastet bin.«

Doch egal, wie sie es drehte und wendete – die Stimme hatte ihr eine klare und für sie so noch nie gehörte Antwort gegeben: »Höre damit auf, anderen zu helfen, ohne dass sie es wirklich wertschätzen.«

»Aber ich bin mitten in zwei großen Projekten«, dachte Anja. »Es läuft, und es ist mein Job. Warum geht es mir dann so schlecht?«

»Du hilfst, etwas zu verkaufen, hinter dem du in Wahrheit nicht stehst. Deshalb verlierst du deine Kraft.«

Weitere Antworten bekam Anja nicht. Sie versuchte es immer wieder, doch die Stimme in ihr war verschwunden.
Sie hatte keine Ahnung, was sie gerade erlebt hatte, aber sie wusste, dass die Antwort stimmte. Sie beendete die beiden offenen Projekte mit letzter Kraft. Dann nahm sie sich ein halbes Jahr Auszeit, in der sie über ihr bisheriges Leben nachdachte.
Heute macht sie das, was sie schon immer machen wollte: Sie spielt Cello in einem Kammerorchester. Nebenbei berät sie werdende Unternehmer. Und endlich ist sie zufrieden und fühlt sich an ihrem Platz angekommen.

Das Leben muss manchmal etwas tun,
um die Gedanken in unserem Kopf still zu bekommen.
Weil wir erst dann
eine andere Stimme hören können.

Der magische Moment, in dem sich die unsichtbaren Helfer zeigen

Sie können die Kräfte, die Ihren Weg unterstützen, vielleicht nicht sehen. Aber Sie können die Ergebnisse und Veränderungen im Außen und bei Ihrem eigenen inneren Zustand erleben.

- Sie haben mehr spontane Ideen, die sich letztlich als perfekt erweisen.
- Jemand anders hat eine spontane Idee, die letztlich für Sie ein Schlüsselereignis in Gang setzt.
- Irgendwo sagt oder macht jemand etwas, wodurch in Ihrem Leben am Ende etwas Wichtiges geschieht, obwohl Sie auf jene Person keinen Einfluss hatten.
- Menschen sagen Ihnen ungefragt Dinge, die genau zu Ihren aktuellen Fragen passen oder Ihr Problem lösen.
- Sogenannte »Synchronizitäten« werden zunehmen. Also auffällige scheinbare Zufälle, welche direkt mit Ihrem Thema zusammenhängen, obwohl das eigentlich nicht sein kann. Dennoch geschieht es.
- Durch scheinbar zufällige Ereignisse oder Glücksfälle verbessert sich Ihr Glaube an Ihr Leben und an sich selbst.
- Sie fühlen sich weniger allein gelassen.
- Innere Unruhe oder Getriebenheit nehmen ab.
- Ihre Beziehungen werden entspannter.
- Sie werden sich weniger abhängig fühlen.
- Ihr Herzmagnet strahlt Zuversicht, Klarheit, und Vertrauen aus.
- Ihr Vertrauen darauf, dass das Leben wohlwollend zu Ihnen ist, zieht zunehmend Menschen an, die diese Einstellung teilen.

Mit den verborgenen Helfern in Kontakt treten

Falls Sie die verborgenen Helferkräfte als etwas »Lebendiges« oder als eine Art Bewusstsein ansehen, können Sie die Kräfte direkt ansprechen. Das folgende Beispiel können Sie entsprechend Ihrer persönlichen Situation verändern.

Schritt 1: Kontakt aufnehmen

Sprechen Sie die Kraft an, als würden Sie von einem Menschen gehört werden. Manche Leute sagen einfach nur: »Hallo, Leben, ich habe da eine Bitte …« Andere sagen: »Ich gebe meinem Unterbewusstsein einen Auftrag.« Es ist Ihr persönlicher Stil, wichtig ist nur, dass Sie für sich das *Erlebnis von Kontaktaufnahme* erzeugen.

Schritt 2: Die gewünschte Unterstützung formulieren

Beschreiben Sie, was Sie ab jetzt loslassen oder was Sie ab sofort aufhören zu tun. Sagen Sie, warum. Zum Beispiel, weil Sie es nicht weiter schaffen. Weil Sie wirklich Unterstützung brauchen. Bitten Sie um Unterstützung im bestmöglichen Sinn, damit Sie in Ihrem Leben einen Schritt vorankommen, so wie es vom Leben vorgesehen ist.

Schritt 3: Ein Ritual abhalten

Manche Menschen machen gerne ein Ritual. Zum Beispiel, indem sie eine Blüte auf einem Teller drapieren und eine Kerze dazu anzünden. Was auch immer Ihr Verstärkungsritual für die Ansprache Ihrer verborgenen Helfer ist – es durchzuführen, wird allein schon Ihnen selbst guttun.

Schritt 4: Danken

Wenn etwas eingetroffen ist, erinnern Sie sich daran, sich zu bedanken. Dankbarkeit ist eine der stärksten positiven Kräfte, sowohl für Ihren Herzmagneten als auch für Ihren Verstand. Umso häufiger Sie innerlich »Dankeschön« sagen, umso mehr erfüllt diese Kraft Ihr Leben und Ihre Beziehungen. Und Sie werden immer deutlicher Menschen anziehen, die ebenfalls dankbar sind.

»Hilf dir selbst, dann hilft dir Gott.«
Bedeutet: Wenn du etwas
aus ganzem Herzen anstrebst,
so tue es auch selbst.
Dann wird es unterstützt.

Verborgene Helfer: Grund und Sinn

Grund

- Verborgene Helferkräfte sind ein Teil aus der Summe aller Kräfte, die Ihr Leben erschaffen.
- Bestimmte Ereignisse, die scheinbar zufällig eine Kette weiterer Ereignisse in Gang setzen, werden oft von diesen Kräften ausgelöst.

Sinn

- Ein Sinn von Helferkräften ist die Erkenntnis, dass man im Leben zwar viel, aber nicht alles mittels des reinen Verstandes erreicht. Diese Erkenntnis bewirkt Wachstum.
- Ein weiterer Sinn ist die Möglichkeit, die positive Kraft von Dankbarkeit leben zu können, wo man zuvor vielleicht nicht wusste, wem gegenüber man dankbar sein sollte.
- Der tiefe Sinn Ihrer verborgenen Helfer liegt darin zu erkennen, wie groß und kraftvoll Sie in Wahrheit sind, wenn Sie verborgene Helfer miteinbeziehen.

Erlebtes Wissen zum zehnten Geheimnis

- Vielleicht fallen Ihnen Ereignisse ein, in denen ein besonderer Zufall, ein besonderes Glück oder unglaubliche Fügungen zu etwas geführt haben, das Sie sich zuvor kaum vorzustellen gewagt hätten. Fragen Sie sich, ob das alles tatsächlich reines Glück war oder ob Sie selbst zuvor etwas Bestimmtes verändert hatten. An sich selbst, an einer Einstellung oder an einem Verhalten.
- Wann hat das Leben Sie gezwungen loszulassen? War dies nachträglich gesehen richtig oder ein Fehler?

Wie Sie Ihren Magneten neu ausrichten

- Falls Sie es nicht ohnehin schon tun, fassen Sie den Mut, Ihre verborgenen Helfer ganz bewusst um Unterstützung zu bitten. Falls Bitten Ihnen nicht liegt oder es sich seltsam anfühlt, geben Sie stattdessen Aufträge an Ihre Helferkräfte ab. Zum Beispiel:
- »Bis hierhin habe ich alles getan, was ich tun kann. Ab hier lasse ich los und gebe es ab.«
- »So weit bin ich gekommen, und jetzt brauche ich Unterstützung.«
- Danken Sie Ihren verborgenen Helfern, so oft es Ihnen einfällt. Jede Art von Dankbarkeit wirkt in Ihnen selbst positiv und verstärkt zusätzlich Ihre positive Wirkung nach außen:

Die Offenbarungen des Herzmagneten im Spiegel der Ereignisse

Themen	Mögliche Ursachen in Ihrem Magneten
Beobachten: Was fällt mir auf?	**Verstehen: Was wirkt im Hintergrund?**
Im Kontakt mit bestimmten Personen tue, denke und sage ich manchmal Dinge, die gar nicht zu mir passen. Ich bin dann, wie ich sonst nie bin.	Ein unsichtbarer Mantel in Form eines Bildes. Das starke Bild, in da der andere Sie kleidet, sorgt dafür, dass Sie Dinge tun, die zu dem Bild gehören, aber nicht zu Ihnen selbst.
Ich werde gegenüber dem anderen wütend, obwohl ich weiß, dass es ungerecht ist.	Ein unsichtbarer Mantel in Form unwahrer, manipulativer oder ein engender Gedanken über Sie. Ihre Anstrengung, sich immer wieder von dem befreien zu müssen, was der andere unablässig sendet, macht Sie wütend.
Ich ziehe entweder die einen oder die anderen Persönlichkeitstypen an, aber nicht die Mischung, die ich mir ersehne.	Ein unsichtbarer, selbst angezogener Mantel mit einer Konfliktbotschaft: »Ich liebe bestimmte Dinge an meinem Vater/meiner Mutte Aber auf keinen Fall will ich eine Beziehung, wie meine Eltern sie hatten. Darum suche ich das Gegenteil meiner Eltern.«
Im Kontakt mit meinen Eltern fühle ich mich oft wie früher. Irgendwie klein und unmündig. Ich will das nicht, aber es geschieht immer wieder.	Ein unsichtbarer Kindermantel. Die Eltern sehen in Wahrheit noch immer ihr Kind im Alter von xx Jahren und behandeln es so. Der Elternverstand weiß, dass Sie nun groß sind, aber im Elternherz wurden Sie als Kind konserviert.
Im Kontakt mit meinem Beziehungspartner fühle ich mich oft irgendwie klein und unmündig. Ich will das nicht, aber es geschieht immer wieder.	Ein nie abgelegter, unsichtbarer Mantel aus der Kindheit. Die von Eltern übergestülpte Identität (unsere Kleine / unser Kleiner) zieh Beziehungspartner an, die etwas ganz Ähnliches machen wie frühe die Eltern.
(1) Die Männer/Frauen verhalten sich irgendwie unnatürlich mir gegenüber.	Der andere könnte gerade versuchen, eine von Ihnen ausgesende Rolle/Erwartung zu erfüllen. Oder er wehrt sich innerlich dagegen beiden Fällen kann er nicht sein, wie er ist.
(2) Die Männer/Frauen verhalten sich irgendwie unnatürlich mir gegenüber.	Vielleicht verhalten Sie selbst sich dem anderen gegenüber unnatürlich, weil Sie versuchen, eine Rolle zu erfüllen. Das irritiert den anderen, und er verhält sich ebenfalls seltsam.
Ich fühle mich in der Beziehung immer wieder einsam oder unverstanden.	Die parallelen Welten haben zu geringe Schnittmengen. Entweder weil gerade nicht genügend Kraft/Zeit/Aufmerksamkeit da ist ode weil grundlegend nicht genügend Interesse vorhanden ist.
Es muss alles so sehr hin- und hererklärt werden, und das strengt mich zunehmend an.	Die Denkweise eines Partners in seiner parallelen Welt ist so sehr auf »Ich« ausgerichtet, dass die Übertragung anderer Sichtweisen Kraft und Zeit kostet.
Manche meiner Beziehungen bleiben in der Entwicklung aufeinander zu irgendwie stehen, obwohl ich es gerne näher hätte.	Einer von beiden oder beide haben Vorteile, wenn es in diesem Zustand bleibt, auch wenn der Zustand eine Art Illusion ist, welch die wahren Wünsche nicht erfüllt.

Wege zur Auflösung und Neuausrichtung Verändern: Was ist meine neue Entscheidung?	Geheimnis
obachten Sie, ab wann das Gefühl Sie ergreift. Seien Sie bei der nächsten Begegnung darauf rbereitet. Nehmen Sie das Bild nicht an. Legen Sie den Mantel in Ihren Gedanken ab, sobald Ihnen umgelegt wird. Falls möglich, kommunizieren Sie deutlich das richtige Bild über sich.	I
klären Sie, wie es Ihnen geht. Erklären Sie, was ein unsichtbarer Gedanken-Mantel mit einem enschen anstellt. Fragen Sie, was Sie dazu beitragen können, damit der andere Sie aus diesen danken entlässt. Es ist seine Aufgabe, Sie zu befreien. Falls all das nichts bewirkt, reduzieren den Kontakt.	I
s Gegenteil von etwas Ungeliebtem anzustreben, ist nicht der Weg, um die Liebe zu finden. gen Sie den kompletten Mantel des Beziehungsthemas Ihrer Eltern ab. Ihr Glück liegt in einer nz neuen, ganz anderen Art von Beziehungspartner.	I
ist wichtig, alle deutlich daran zu erinnern, dass dieses Kind nicht mehr existiert. Legen Sie n Mantel schon am Eingang ab. Heute betreten Sie als erwachsener Gast (und nicht als dort hnendes Kind) das Leben Ihrer Eltern.	I
den Sie heraus, zu was genau der Beziehungspartner Sie macht. In welches Alter er Sie ver-zt. Sprechen Sie das Thema deutlich aus. Legen Sie diese Identität ab, indem Sie sie in Ihrer rstellung Ihren Eltern zurückgeben und von dort aus als freier Mensch in die Welt gehen.	I
erlegen Sie, ob Sie dem anderen versehentlich einen Mantel umhängen: eine Erwartungshal-g oder Vorgabe, wie er sein sollte, etwas, an das er Sie erinnert, oder eine Schublade, in die ihn gesteckt haben.	I
hlen Sie als Rolle für sich selbst die Rolle: »Ich bin einfach nur ich.«	I
weder besteht die Aufgabe beider Partner darin, die Schnittmenge ihrer beiden Welten wie-zu vergrößern. Oder die ganz persönliche Aufgabe eines der Partner besteht darin zu lernen, für die Welt des anderen zu interessieren, falls er die Partnerschaft verbessern möchte.	2
Mittelpunkt der Welt in einer Partnerschaft ist weder das eine »Ich« noch das andere »Ich«. Mittelpunkt der Welt ist das »Wir«. Wenn sich beide darauf ausrichten, wird es leichter.	2
len Sie die – vielleicht alten – Vorteile heraus. Stellen Sie diese dem Hier und Jetzt und den ren Sehnsüchten gegenüber. Falls Sie etwas verändern möchten, verzichten Sie auf die eile, die Sie hätten, wenn alles so bliebe.	2

Themen	Mögliche Ursachen in Ihrem Magneten
Beobachten: Was fällt mir auf?	**Verstehen: Was wirkt im Hintergrund?**
Ich habe manchmal virtuelle oder unvollständige Beziehungen. Etwas versucht dann zu verhindern, dass es zu einer echten und vollständigen Beziehung kommt.	Eine parallele Welt in Form einer Fantasie oder einer Scheinwelt bi tet die Möglichkeit, Beziehungen zu leben, die alles aussparen, was Probleme erzeugen könnte oder in der Vergangenheit zu Probleme führte.
Ich gebe mir in einer Beziehung sehr viel Mühe, habe aber immer wieder das Gefühl, dass es nicht reicht.	Unsichtbare Markierungen. Der andere hat Messpunkte gesetzt und beobachtet nun, ob Sie diese erreichen oder verfehlen. Weil Sie da zwar nicht nachweisen können, aber unterbewusst spüren, versuchen Sie ständig, eine Art Rennen zu gewinnen.
Obwohl ich viel zu bieten habe, kommt keine dauerhafte, gleichwertige Partnerschaft zustande.	Unsichtbare Markierungen. Wenn man sich selbst als eine Art bege renswerte Leistung einstuft, betrachtet man oft auch andere so. Irgendwann geht es nur noch um Anforderungen, Leistung, Bewertu und Erfüllungsgrad.
Meine Partner bemühen sich am Anfang immer sehr und lassen im Verlauf der Beziehung spürbar nach.	Unsichtbare Markierungen. Wenn das »Bemühen« ein Kriterium fü eine Partnerwahl ist, wird der Herzmagnet Menschen anziehen, di sich anstrengen, die Anforderungen zu erfüllen. Doch niemand ka ewig auf hohem Niveau liefern.
Ein wichtiges Thema dreht sich schon länger um mich herum im Kreis, als würde es mich gefangen halten. Und ich finde einfach nicht den Ausweg.	Ein Hüter der Schwelle fordert gerade einen Einsatz, der entweder noch gar nicht erkannt wurde oder den man noch nicht bereit war zu geben.
Ich habe immer wieder gute Ideen und Lösungen, aber am Ende wird nichts daraus.	Der Hüter der Schwelle fordert eine Abfolge realer Schritte, die vielleicht nicht bis zu Ende durchgeführt werden.
Bestimmte Menschen oder Verhaltensweisen lösen in meinen Gedanken eine ungute Kettenreaktion aus. Manchmal reicht sogar bereits die Idee, dass es so kommen könnte. Weil ich das nicht will, vermeide ich Situationen oder sogar Beziehungen.	Magnetische Mantras mit altem, ungutem Inhalt lösen einen inner Film aus, der sich am Ende selbst erfüllt oder einen gefangen hält.
Ich denke manchmal schlechte Dinge. Ich will das nicht und tadele mich innerlich selbst dafür. Aber es hört dennoch nicht auf.	Ein tief eingeprägter »Spruch« oder eine Art Weltbild, zum Beispie von den Eltern, aktiviert sich wie ein Mantra. Weil es wie ein Refl abläuft, kann man es nicht mit Vernunft kontrollieren.
Ich bin ganz gerne Single, aber ich hätte auch gerne einen Partner. Aber es kommt nicht der passende. Also bleibe ich halt Single.	Eine versteckte Botschaft in Form einer Doppelbotschaft bewirkt Abstoßung und Anziehung gleichzeitig. Angezogen werden könne echte Partnersuchende, die sich dann enttäuscht zurückziehen, o Menschen, die eine ähnliche Doppelbotschaft in sich tragen.

Wege zur Auflösung und Neuausrichtung Verändern: Was ist meine neue Entscheidung?	Geheimnis
n Komfort der Scheinwelt aufgeben. Sich auf alles einlassen, was eine vollständige, echte enschliche Beziehung mit sich bringt. Den Preis einer Mühe gerne einsetzen für den Lohn ner echten Liebe.	2
eses Rennen kann niemand gewinnen, denn wenn geheime Messungen der Grund sind, rschieben sich auch die Anforderungen immer wieder. Die Lösung ist Ihr Ausstieg aus dem nnen. Sprechen Sie es aus. Vertrauen Sie darauf: Wenn es Liebe ist, fordert es keine Leistung.	3
e »Bewerberauswahl« vollständig beenden. Stattdessen (scheinbar fehlerhafte) Menschen rne kennenlernen. Die eigenen (scheinbaren) Mängel sehen und annehmen. Liebe zur Un- llkommenheit statt Anforderungen an Vollkommenheit üben. Die generelle Grundhaltung zu nschen bestimmt den Magneten.	3
htbare Bemühungen als eine Kulisse erkennen, um die es am Ende nicht geht. Es kann schön n, ist aber langfristig nicht entscheidend. Lieber beim anderen den Charakter und sein undbekenntnis zum Leben und zu Beziehungen suchen und schätzen.	3
rausfinden, auf was man im Moment noch nicht bereit ist, zu verzichten oder was man noch ht bereit ist, einzusetzen oder zu tun. Überlegen Sie, ob genau dies mit dem festhängenden ema zu tun hat. Treffen Sie eine neue Entscheidung.	4
ist immer wieder der Abbruch der nach vorne strebenden Kraft? Bei einer Angst? Bei einer he? Bei einem Verzicht? Dort könnten die Schwelle und der Schlüssel sein. Falls das so ist, t nur, es trotz allem zu tun.	4
n unguten Startgedanken herausfinden und unterbrechen. Wann tritt im Kopf eine Automa- eaktion mit einem immer gleichen Wort oder Satz auf? Dann ein neues, gutes Mantra für selbe Situation auswählen und an die Stelle des bisherigen setzen.	5
gute Reflexe kann man durch gute Reflexe ersetzen. Ein einziges besonders positives Wort ügt, um eine ganze Wolke schlechter Worte und Gedanken aufzulösen.	5
entscheiden, wie das Leben in der Zukunft tatsächlich aussehen soll. Falls das Heimkom- n in die eigene menschenleere Wohnung als guter Zustand empfunden wird, strahlt der zmagnet das auch aus. Ist Partnerschaft voll und ganz gewollt – mit allen Folgen –, ja oder n? Ein einziges klares Herzensbekenntnis wirkt deutlich stärker als zwei oder mehr akzepta- Lebensideen.	6

Themen	Mögliche Ursachen in Ihrem Magneten
Beobachten: Was fällt mir auf?	**Verstehen: Was wirkt im Hintergrund?**
Bei Dates beruhige ich mich damit, dass es um nichts geht. Aber am Ende kommt dennoch keine gute Beziehung zustande.	Die Doppelbotschaft lautet: »Bei dem Thema Beziehung, wegen den wir hier sitzen, ist mir das Ergebnis unserer Sitzung eher gleichgült Ja, es ist gut, wenn das Ergebnis nicht wichtig ist, aber es sollte nic in den Zustand von »egal« rutschen. Sonst empfängt der andere, da er einem egal ist.
Ich fühle mich in näheren Beziehungen oft bedrängt, überwacht oder ausspioniert. Wenn ich das abwehre, schadet es der Beziehungsentwicklung. Wenn ich es nicht abwehre, bekomme ich Druck und Angst.	Wenn Sie bestimmte Dinge auf jeden Fall geheimhalten wollen, ziehen Sie Geheimnis-Forscher an. Je weniger Sie wollen, dass ein Geheimnis gelüftet wird, umso stärker fordern Sie dazu auf, es zu lüften.
Ich habe das Gefühl, ich müsste beim anderen darum kämpfen, informiert zu werden, und fühle immer eine Art Schuld, wenn ich wissen möchte, was gerade los ist.	Die Grundhaltung des anderen, sich immer etwas geheimnisvoll zu geben oder geheime wichtige Dinge zu tun zu haben, könnte sein Werkzeug sein, andere abhängig zu machen oder eine Beziehung z kontrollieren.
In meinem Leben wiederholen sich Dinge, die auch meine Mutter / mein Vater irgendwie erlebt hat.	Die Familienchronik lebt über die Erziehung und über die gemerkten Kindheitserinnerungen weiter. Das Unterbewusstsein erschaff daraus später ganz ähnliche Situationen.
Je mehr ich Dinge so mache, wie ich es will, umso mehr Einfluss versuchen meine Eltern zu nehmen.	Eltern sehen ihre Kinder oft durch eine Brille der Vergangenheit. Manchmal fällt es ihnen deshalb schwer, ihre Rollen und Aufsichts funktionen aus der Vergangenheit loszulassen.
Seit ich geheiratet habe, verhalten sich einige Familienmitglieder anders. Manche versuchen plötzlich, mich zu beeinflussen.	Durch die vollzogene Verbindung mit einer anderen Familienchro ergeben sich auch neue reale verwandtschaftliche Beziehungen u Machtverhältnisse. Man betritt ein System und wird dessen Mitgli Manche Altmitglieder empfinden nun scheinbare Rechte und verte len Pflichten.
Ich habe manchmal scheinbar grundlose Ängste. Oft dann, wenn es um Wohnorte, Beruf oder feste Beziehungsformen geht.	Die Familienchronik hat bestimmte Erfahrungen Ihrer Eltern oder Großeltern als Gefühlsmuster in deren Zellen gespeichert und per DNA an Sie vererbt. Obwohl eine ähnliche Grundsituation heute n bedrohlich ist, erzeugen die Zellen die geerbte Angst.
Ich fühle mich häufig als der schuldige Teil in einer Beziehung und bemühe mich dann besonders, alles richtig und gut zu machen.	Wenn man sich schuldig fühlt, muss dieses Gefühl erstens bereits vorhanden sein, und es muss zweitens jemanden geben, der es aktiviert. Zum Beispiel indem er behauptet, mehr Wahrheit zu wis und mehr urteilen zu dürfen als man selbst.
Ich habe alles ausprobiert, aber keine meiner Handlungen hat letztlich zum Ziel geführt.	Es wäre möglich, dass als nächster Schritt im Leben etwas andere geplant ist als das selbst gewählte Ziel. Dann könnte jede weitere Aktion am selbst gewählten Ziel das Eintreten dieses höheren Pla verhindern.

Wege zur Auflösung und Neuausrichtung Verändern: Was ist meine neue Entscheidung?	Geheimnis
h wegen des Ausgangs der Begegnung nicht unter Druck zu setzen, ist auf jeden Fall gut! chtig ist aber dabei, dass Sie generell die Grundhaltung haben: »für Beziehung« und »für den nschen«, der am Tisch sitzt.	6
müssen nicht ins Gegenteil verfallen und alles gleich preisgeben. Ideal wäre, wenn das gan- (geheime) Thema einfach keine Bedeutung mehr hätte. Dann zieht Ihr Herzmagnet Menschen für die es ebenfalls keine Bedeutung hat.	7
cht durch scheinbare Geheimnisse klappt nur, solange Sie es nicht durchschauen. Sobald Sie das Spiel der Informationskontrolle verzichten, endet das Machtverhältnis, und Sie sind frei.	7
den Sie die Wiederholungen so genau wie möglich heraus. Jedes Stück Verstehen und Ihre e Entscheidung, es anders zu machen, befreit Sie aus dem System Ihrer Vorfahren.	8
nern Sie sich selbst und Ihre Eltern immer wieder an die Tatsache Ihres jetzigen Alters. e sich weiter zu rechtfertigen.	8
nern Sie sich selbst und die Beteiligten daran, dass Sie vorher unabhängig und eigenverant- tlich waren und auch weiterhin unabhängig und eigenverantwortlich sind. Falls Sie keine nungen über Ihr Leben hören möchten, leben Sie diese neutrale Haltung idealerweise selbst	8
schen Sie bei Ihren Eltern oder Großeltern nach Schicksalsschlägen. Was wurde damals er- ? Vergleichen Sie es mit Ihren Ängsten. Jede Erkenntnis darüber, was nicht aus Ihrem Leben mt, befreit Sie von einer übertragenen Auswirkung.	8
Hoheit zu entscheiden, was wahr und richtig ist, liegt nicht bei einem Partner. In guten ehungen gibt es immer drei Wahrheiten. Die des einen Partners, die des anderen und eine einsame, die beide zusammen herausgefunden haben.	9
letzte, noch nicht ausprobierte Handlung könnte sein, Ihr Anliegen einer höheren Stelle zu rgeben.	10

Danksagung

Kein praxisnahes Buch über Menschen kann ohne den freundlichen Beitrag vieler Menschen entstehen.

Ich danke meiner Frau Diana, die mir mit offenem Herzen immer wieder ihr Wissen aus Jahrzehnten der Arbeit mit Menschen zur Verfügung stellte. Ohne sie wäre dieses Buch nicht vollständig geworden.
Vor allem die Kapitel zur Familienchronik und zu den versteckten Botschaften sowie viele wertvolle Vorschläge und Übungen zur Heilung des Herzens beruhen auf ihrem Erfahrungsschatz.

Ein herzlicher Dank gilt auch den vielen Menschen, die mir mit ihren offenen Berichten über ihre Erlebnisse wertvolle Impulse brachten. Das half mir dabei jene Themen, die so viele andere Menschen ebenfalls betreffen, anschaulich und bildhaft beschreiben zu können.

Alles Liebe und gute Reise!